KB213717

궁술,
조선의
활쏘기

최
형
국 崔炯國 Choi, hyeong guk

『무예도보통지』에 수록된 무예24기를 28년간 수련하고 공부했다. 중앙대학교 대학원 역사학과에서 한국사 전공으로 박사
학위를 받았고, 경기대학교에서 Post-doc 연구원을 거쳐 문화사와 무예사를 연구해 왔다. 현재 수원시립공연단 무예24기
시범단에서 상임연출로 활동하고 있다. 2021년에 『무예도보통지』 번역본으로 롯데출판문화대상 본상을 수상하였다.
『친절한 조선사』(2007), 『조선무사』(2009), 『조선후기 기병전술과 마상무예』(2013), 『조선군 기병전술 변화와 동아시아』
(2015), 『정조의 무예사과 장용영』(2015), 『조선 무인은 어떻게 싸웠을까』(2016), 『무예인문학』(2017), 『병서, 조선을
말하다』(2018), 『조선후기 무예사 연구』(2019), 『제국의 몸, 식민의 무예』(2020), 『조선군 전술 속 무예와 전술신호』
(2021) 『정역 무예도보통지-정조, 무예와 통하다』(2021) 등의 저서와 30여 편의 무예사 관련 논문을 발표하였다.

연출한 작품으로는 2018-19 수원화성문화제 폐막연 〈야조夜操〉, 넌버벌 타악극 〈무사&굿〉, 무예 뮤지컬 〈관무재觀武才
－조선의 무예를 지켜보다〉와 무예24기 상설시범 〈장용영壯勇營, 진군의 북을 울리다〉 등이 있으며, 영화 〈안시성〉,
넷플렉스 〈킹덤〉 등 영상 작품의 무예사 고증 자문을 담당하였다.

홈페이지 http://muye24ki.com(한국전통무예연구소)

최형국

조선의 활쏘기

궁술

弓術

민 속 원

활에 담긴
한국인의 몸 문화

"두 발을 편하게 벌리고 서서 숨 한번을 들이 마시며 물동이를 머리에 이듯 활을 들어 올린다. 숨을 천천히 내쉬며 앞 손은 태산을 밀듯 하고, 시위를 잡은 뒷손은 호랑이 꼬리를 잡아 당기듯 지긋이 끌어당긴다. 잠시 과녁을 응시하고 멈췄다가 팽팽한 긴장감을 끊어 내듯 화살은 미련 없이 시위를 떠난다. 짙푸른 창공을 향해 화살 한 개가 얇은 잔상을 만들며 허공을 가른다. 이내 저 멀리 떨어진 과녁에서는 맞았다는 둔탁한 소리가 은은하게 퍼진다."

이것이 우리의 전통무예인 활쏘기의 모습이다. 아무런 흔들림 없이 고요한 마음의 상태를 유지하며 화살 한 개 한 개에 온 정성을 담아 수련하는 활쏘기는 그야말로 군자에게 어울리는 무예이기도 하다. 필자도 20년 가까이 활을 내고 있지만, 여전히 그 경지에 이르지 못하고 화살에 마음을 빼앗겨 자꾸 다른 핑계만 찾는 어리숙한 활꾼이다.

우리네 활쏘기는 기본적으로 이 땅을 지켜온 가장 중요한 군사전술의 핵심이었다. 높고 험준한 산지가 많아 외세를 막아

낼 때에는 평지의 논밭은 깨끗하게 식량감을 갈아엎고, 깊은 산성에 웅거하였다가 적이 몰려들면 쉼 없이 화살을 쏘아 접근조차 어렵게 만드는 전술이었다.

또한 달리는 말 위에서 정교하게 활을 쏘는 기사騎射는 고대부터 우리 민족을 대표하는 몸 문화의 결정체였다. 오늘날에도 여전히 전국의 수 백 곳의 활터에서는 화살들이 허공을 가른다. 선조들의 유구한 몸문화가 담긴 활쏘기를 익히기 위하여 손가락이 부르트도록 훈련에 훈련을 더한다.

활을 배우기 위해 여러 가지 정진방법이 있는데, 그 중 몇 가지 원칙을 보면 그 움직임에 대해 명확하게 이해가 될 것이다. 가장 먼저, 안전을 위하여 지형을 살피고 바람의 방향을 가늠하고先察地形 後察風勢, 화살을 잡은 후에는 호흡을 가다듬으며 몸의 자세를 바로 잡는다胸虛腹實 非丁非八. 활을 잡은 앞손은 힘껏 밀고 시위를 잡은 뒷손은 화살을 쥐고 팽팽히 끌어 당겼다가 활을 쏘는데前推泰山 後握虎尾, 화살이 표적에 맞지 않았다면 오로지 자기 자신에게 반성해야 한다發而不中 反求諸己.

사대에 올라 활을 쏘는 사람들은 저마다 이 원칙을 가슴에 새기고 활을 가득 당기게 된다. 이 중 그 시작에는 우리네 삶의 핵심이 담겨 있기도 하다. 가장 먼저 '선찰지형, 후찰풍세'라 하여 지형과 바람을 읽어야 한다고 하였다. 긴 안목으로 자신이 살아가야 할 인생의 미래를 천천히 살피고 혹시 모를 돌풍을 예상하며 미리미리 준비하라는 뜻을 담고 있기도 하다. 세상일이 어떻게 변화하고 있는지도 모르고 오로지 제 갈 길에만 바빠 앞

뒤 따지지도 않고 밀어 붙이면 실패는 당연한 것이다.

활을 잡고 사대에 오르면, 공손히 하단전에 손을 올리고 과녁을 향해 공손히 인사를 하며 "활 배웁니다"라는 말을 전한다. 그저 시위에 걸어 화살을 쏘는 것으로 끝나는 것이 아니라, 수십 년을 활과 함께 보낸 명궁들도 늘 처음처럼 배운다는 마음으로 그곳에 올라서는 것이다.

그리고 우리 전통 활을 쏠 때 비록 보조 도구지만, '깍지角指'라는 것이 있다. 문자 그대로 손가락에 낀 뿔이라는 도구로 우리나라의 전통 활을 쏠 때에 반드시 필요한 도구다. 그래서 전통시대에는 깍지 낀 손이 무인을 상징하는 도구이자, 그들의 자존심이기도 하였다. 조선시대 국왕들 중 활에 가장 많은 애착을 보인 국왕이 바로 정조다. 그는 틈만 나면 어사대御射臺에 올라 커다란 곰의 얼굴인 웅후熊侯를 향해 화살을 날렸다.

생부生父인 사도세자가 억울하게 뒤주에 갇혀 죽임을 당했던 모습을 열 살 어린 아이의 눈으로 그저 지켜봐야만 했던 정조. '죄인의 아들은 왕이 될 수 없다'라는 신하들의 극악한 논리를 넘어 서기 위하여 할아버지인 영조는 호적 정리를 통하여 정조를 이미 수년전에 돌아간 효장세자의 아들로 입적시키기에 이른다. 그리고 비록 성인이 되어 국왕에 오른 후에도 여전히 제대로 된 권력 기반을 갖추지 못해 힘겨워 했던 세월을 화살에 담아 날려 보냈다.

정조는 그 모든 것들을 활을 통해 풀어내었다. 화살을 끼우고 시위를 팽팽하게 당겨 가득 당긴 활을 '만작滿酌'이라고 부른다. 말 그대로 잔에 가득 술을 채우고 그것이 흔들리지 않도록 목표를 겨눠야만 자기가 원하는 곳에 화살을 적중시킬 수 가 있다. 그러하기 위해서는 우선 먼저 흔들림없이 참아야 한다. 손가락이 떨어져 나갈 정도의 고통을 넘고, 숨이 차올라 더 이상 버틸 수 없는 지경을 느껴야 비로소 멀리 있는 과녁이 보다 선명해진다. 정조의 활쏘기는 그런 쓰디쓴 인내가 담겨 있다.

그렇게 지극한 마음을 화살에 담아 보내니 어찌 명궁이 안될 수 있었겠는가. 그의 실력은 50발 화살 중 단 한발만 빗나가는 49중의 실력이었다. 국궁은 보통 화살 다섯 개를 한 순巡이라고 하여 한 순을 쏘고, 조금 기다렸다가 다시 한 순을 쏘는 방식이다. 특히 정조가 못 맞춘 화살 한개는 본인의 겸양을 알리기 위해 미덕을 발휘한 것으로 기록되어 있으니, 가히 하늘이 내린 신궁의 실력이다. 필자도 20년 가까이 활을 즐겨 쏘는 한량 중 하나지만, 그 실력은 가히 범접하지 못한 경지로 보인다.

그러하기에 깍지는 정조에게도 '무武'에 대한 상징이자, 군권을 통제하는 수단으로 인식되었다. 정조 1년 5월 어느 날, 국왕의 새로운 통치전략과 비전을 논하는 자리에서 그는 모든 신하들에게 과감하게 매일 깍지를 끼고 생활하도록 명령하였다. 심지어 태어나 단 한번도 활을 잡아 보지 않았던 문관들에게도 예외없이 실천하도록 하였다. 특히 선현의 일화 중 깍지를 하도 오랜 세월 끼고 생활해서 깍지가 엄지손가락과 완전히 붙어버린 이야기를 하며 그것이 진정한 신하된 자의 도리라고 열변을 토했다.

언제든지 활을 잡고 화살을 쏠 수 있는 자세, 그것이 거대한 청나라 옆에서 자주국임을 지켜낼 수 있는 유일한 방도였다. 이런 강력한 군권 강화 전략을 위하여 즉위하자마자 갑옷을 입은 장수는 국왕 앞에서도 절을 하지 않아도 된다는 명령을 내려 전장을 지키는 장수의 품격을 높여주는 일을 추진하였다. 갑옷을 입은 장수가 무릎을 꿇는다는 것은 곧 전쟁의 패배를 의미하는 것으로, 신하된 자의 도리보다 장수로써 국가를 지키는 것을 먼저 생각하게 한 국왕이 바로 정조였다.

18세기 조선의 문예부흥을 일궜던 국왕 정조의 첫 번째 정치 전략은 강력한 군권확보와 군사력 확충이었다. 정조는 활을 당기며 때를 기다렸다. 그것을 위해서는 가득 당긴 활을 잡고 아무런 미동도 없이 바람을 읽고 정세를 읽어야 하는 것이었다. 손가락이 아프다고 조금 당겨 놓아 버리거나, 숨을 고르지도 못하고 헐레벌떡 화살을 보내면 결코 화살은 자신이 원하는 곳으로 날아가지 않는다. 자신이 간절히 원하고 바라는 것이 있다면 먼저 인내하고 뚝심있게 밀고 나가야 한다.

필자는 검객劍客이며 인문학자를 추구한다. 이미 인공위성이 우주를 가르고, 핵무기들이 손가락 버튼 하나로 움직여지는 현실이다. 그래도 칼의 멋스러움, 무예 수련 속 땀의 진실함이 좋아 '검객'이라 자부하며 살고 있다. 칼을 잡고 휘두른 지 28년의 세월이 흘렀고, 그 과정에서 활공부도 자연스럽게 몸에 익히게 되었다. 무예사나 군사사 공부를 시작한 계기도 무예를 익히며,

조선시대 군사들은 어떤 방식으로 훈련하고 싸웠는가? 그리고 그들은 무예수련을 통해 어떠한 '몸'의 변화를 느꼈을까? 라는 지극히 단순한 물음에 대한 답을 찾기 위해서였다. 그리고 부족한 실력이지만, 뒤를 이어 무예사를 공부하는 누군가에게 징검다리의 작은 디딤돌 하나를 놓는 심정으로 글을 정리한 것이다.

그 과정에서 참으로 소중한 인연으로 여기까지 올 수 있었다. 특히 유네스코 세계문화유산인 수원 화성에 터를 잡고 공부할 수 있도록 물심양면으로 응원해주신 한신대의 김준혁 교수님과 수원 화성박물관의 한동민 관장님을 비롯하여 화성연구회 회원분들의 관심이 있어서 지치지 않고 학업을 계속할 수 있었다. 그리고 몇 해 전 고인이 되신 경당의 고故 임동규 선생님의 가르침으로 그 모든 것을 시작할 수 있었기에 한없는 감사를 드린다.

그래도 작은 성과물들을 모아 책으로 펴내는 일은 조심스럽지만 반드시 누군가는 해야만 한 일이라고 생각하기에 한결같이 공부를 한다. 혹여 이 책에서 오류가 발견된다면, 이 역시 모두 필자의 부족한 공부를 탓할 수밖에 없다. 늘 무예수련과 공부에만 빠져 처자식에게 쏟을 애정까지 가끔은 잊고 지냈기에 한참은 부덕한 가장일지도 모른다. 먼 훗날 아해들이 커가면서 아빠의 책을 살피며 작은 추억이라도 기억해 줬으면 하는 바람이 있다.

수원 화성 성곽 안에 둥지를 틀고, 따스한 사람을 만나 가정을 이뤄 예쁜 딸 아들이 지켜봐주고 있기에 좀 더 힘을 내 이

길을 걷는다. 마지막으로 우리의 소중한 전통무예인 '궁술'과 '무예24기'를 익히기 위해 땀 흘리는 여러 동지들, 수련생들에게 '수련은 배신하지 않는다!'라는 말을 전하며 글을 마친다.

내 인생 최고의 축복,

아내 바람돌이 혜원,

예쁜 딸 탱그리 윤서,

귀여운 아들 콩콩이 기환에게 보내는 아빠의 열세 번째 선물!

2022년 10월 1일

수원 화성華城 장용외영壯勇外營의 뒷뜰

한국전통무예연구소에서

최형국 씀

차례

01

조선시대 마상활쏘기·기사騎射시험의 변화와 실제

1. 조선시대 무예시험과 기사

인간의 역사는 곧 힘에 관한 의식과 통제를 통해 흘러왔다. 다시 말해 인간이 통제 가능한 자신의 힘을 이해하고 자신이 통제 불가능하다고 여겨지는 힘에 대해 끊임없이 고민하고 탐구하며 인류역사의 시간은 흘러왔다.

이러한 힘에 대한 고민 중 무예武藝는 인간의 본원적인 욕망과 결합되어 오랜 세월 인류에게 전승되어 왔다. 특히 속도 면에서 인간의 한계를 뛰어넘는 말馬이라는 동물을 길들이고, 전쟁에 사용하며 진화된 마상무예馬上武藝는 역사 이래로 수천 년간 동서양을 막론하고 최고의 전투무예로 인식되었다.

조선왕조의 역사에서도 마상무예[1]는 전투력의 핵심으로 자리 잡고 있었다. 물론 화약병기의 발달과 함께 전략 전술 개념이 진화하면서 마상무예 또한 이와 함께 소멸되었는데, 1800년대 후반까지도 조선의 마상무예는 면면히 맥을 이어오고 있었다.

특히 달리는 말 위에서 활을 쏘는 기사騎射는 지상에서 활을 쏘는 보사步射와 함께 조선시대에 가장 많이 활용한 군사기예였다. 이미 조총과 총통 등 다양한 화약무기가 대거 투입된 임진왜란 때에도 조선의 활쏘는 기예는 중국의 창, 일본의 조총과 함께 조선의 대표적인 장기로 각인되었다.[2]

이에 이조판서 김우옹金宇顒은 기사騎射가 조선의 장기我國之長技이니 널리 권장할 것을 건의하기도 하였다.[3] 또한 정조 때 간행된 『무예도보통지武藝圖譜通志』의 서문에도 궁시弓矢가 조선의 대표적인 군사훈련 기예로 설명되어 있다.[4]

그러나 기사를 비롯한 다양한 마상무예는 총과 화약 등 군사과학 기술의 혁명적 진보로 인해 19세기에는 전장에서 완전히 설자리를 잃게 된다.[5] 이후 마상무예는 일제 강점기를 거치

---

1   여기서 馬上武藝는 달리는 말 위에서 還刀, 弓矢, 鞭棍, 槍, 月刀, 雙劍 등 무기를 사용하는 것을 총칭하는 용어로 사용한다.
2   『武藝圖譜通志』卷4, 棍棒 案 ; 李晬光, 『芝峰類說』雜家 篇.
3   『宣祖實錄』卷72, 宣祖 29年 2月 癸丑條. "吏曹參判金宇顒上箚曰 …… 其一 則騎射 乃我國之長技 而義勇兒童 屢被賞賜 善射武士 未蒙恩典 今宜別加招撫 以勸長技……"
4   "我國練兵之制 三軍練于郊 衛士練于禁苑 其禁苑 練兵盛自 光廟朝 然止弓矢一技 而已如槍劍法技 槩未之聞" 이로 인하여 우리나라의 군사기예는 오직 궁시일기뿐인 것으로 오해하고 있으나, 조선시대에 궁시는 조선의 무예를 대표하는 것이기 때문에 『무예도보통지』를 편찬하면서 궁시 이외의 刀劍이나 槍棒 그리고 마상무예를 더욱 부각시키고자 서문에 적어 놓은 것으로 보인다.
5   여기서 말하는 군사과학 기술의 혁명적 진보를 총(gun)을 중심으로 살펴보면 재래식 병기 위주의 火槍에서부터 조금씩 발전하던 화약무기가 matchlock방식

면서 소멸되었다가 근래에 전통무예 복원 움직임과 더불어 서서히 복원되고 있는 실정이다.

현재까지의 연구는 문헌 연구가 중점적으로 다루어진 반면에 실제 기사騎射의 방식과 실기적인 부분에 관해서는 연구 성과가 많이 부족한 실정이다.[6] 기사의 역사는 곧 무예사武藝史의 일부로 몸과 바로 직결되는 부분이기 때문에 그 실기적 내용을 체득해야만 올바른 접근이 이루어질 수 있다. 그런데 기사를 비롯한 다양한 무예들은 짧은 시간 안에 연마되는 것이 아니다.

이에 본 장에서는 조선시대 행해졌던 기사의 방식을 무예시험(주로 무과武科) 속에서 찾아보고, 실제 기사를 복원하는 과정에서 얻어진 결과물을 바탕으로 기사 훈련법 및 그 실제에 대해서 구체적으로 알아보고자 한다.

→ wheellock방식 → flintlock방식 → percussion cap으로 발전하다가 무연화약과 다연발총의 탄생으로 짧은 시간 안에 전략과 전술이 빠르게 변화한 것을 말한다. 金舜圭, 「朝鮮時代 手銃 運用의 性格」, 『軍史』 26호, 군사편찬연구소, 1993.

6 현재까지 騎射를 중심에 두고 쓴 논문은 거의 없으나, 궁술 및 騎射에 대하여 다룬 논문으로는 심승구, 「朝鮮時代의 武藝史 硏究 - 毛毬를 중심으로」, 『군사』 38, 군사편찬연구소, 1999; 「조선시대 무과에 나타난 궁술과 그 특성」, 『학예지』 10집, 육사박물관, 2000의 두 편이 있다. 그리고 임동권 외, 「한국의 마상무예」, 『마문화연구총서』 II, 한국마사회 마사박물관, 1997에서는 마상무예 전반을 다루고 있다. 충청남도 아산시 충남발전연구원(現 충청남도 역사문화원)에서는 『朝鮮前期 武科殿試儀 考證硏究』(1998.4)를 펴냈는데, 조선전기 무과전시의에 대해 자세히 고증하였다. 이 외에도 騎兵에 대한 연구로는 노영구, 「18세기 騎兵 강화와 지방 武士層의 동향」, 『한국사학보』 13, 고려사학회, 2002 등이 있다.

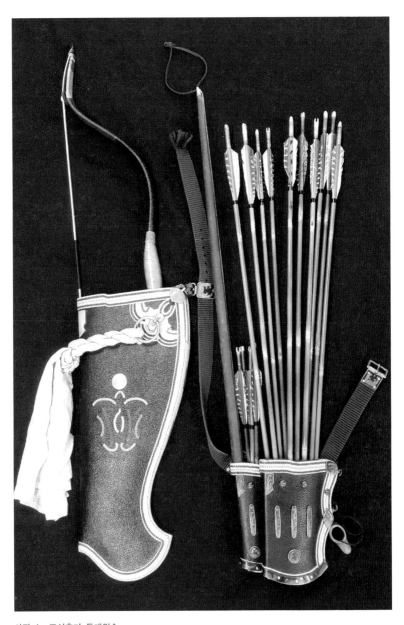

사진 1_ 조선후기 동개일습
활집인 궁대와 화살집인 시복으로 구성되었다. 궁대에는 동개궁, 시복에는 장전과 편전(통아)가 들어 있다.

조선시대에 무예와 관련된 시험은 크게 무과武科, 시재試才, 취재取才로 나눌 수 있다. 무과는 일종의 관직등용고시로 볼 수 있고, 시재는 각 군영이나 감영에서 이미 뽑힌 군사들의 무예실력을 증대시키기 위하여 행해진 시험이다.[7]

대표적인 시재로는 관무재觀武才, 중순시中旬試, 시예試藝, 시사試射 등이 있으며, 시재를 통해 상벌을 명확히 하여 무예 성취도가 높은 사람들에게는 직부전시直赴殿試의 자격을 주거나 숙마첩熟馬帖을 비롯한 다양한 상을 내리기도 하였다.[8] 마지막으로 취재는 여러 군영에서 각 직급에 필요한 사람을 뽑는 일종의 취직시험이었다.

이러한 각각의 무예시험에서도 기사는 중요한 종목으로 자리 잡고 있었다.[9] 그런데 시재와 취재보다는 무과시험이 조선시대 문신과 더불어 국정운영의 핵심을 담당한 무신 선발시험이었기에 무과시험 속에서 기사의 위치를 확인해 보는 것이 중요하다.

조선시대에 무과시험은 문과시험과 함께 시행되어 식년시式年試 · 증광시增廣試 · 별시別試 등으로 실시 횟수가 거의 같았다.

7　鄭海恩, 「朝鮮後期 武科硏究」, 한국정신문화연구원 석사학위논문, 1993, 22쪽.

8　『壯勇營故事』 壬子(正祖 16, 1792) 9月 27日. 이날의 시험은 冬等試射였는데, 『무예도보통지』 편찬자인 이덕무의 동생 李彦懋도 장용영의 지구관으로 시사를 봐서 직부전시의 자격을 얻었다. 그리고 함께 시사를 치른 초관 趙毅獻은 가자, 장용위의 嘉儀 高龍得은 숙마첩을 받았다.

9　『壯勇營故事』 壬子(正祖 16, 1792) 9月 6日. 이미 임진왜란을 겪으면서 조총을 비롯한 화약무기의 중요성이 커졌음에도 불구하고 말을 타고 활을 쏘는 기예는 試藝에서 중요하게 다뤄졌다.

이는 무신들을 과거시험을 통해 선발함으로써 국왕을 중심으로 한 국가권력에 충실하게 하려는 의도에서 이루어진 조처였다. 곧 건국초기 조선의 집권세력은 무신들에 대한 공정한 선발을 강화하고[10] 사병세력을 혁파하여 정규군으로 편입시키는 데 심혈을 기울였다.

그리하여 태종 2년(1402) 1월에 처음으로 무과시험이 시행된[11] 이래 무과시험은 『경국대전』을 통해서 완전하게 자리를 잡았고, 사병혁파와 더불어 무신세력을 완전하게 국왕 통제 하에 둘 수 있게 된 것이다.

무과시험은 크게 정시시험인 식년무과式年武科와 비정기적인 증광시增廣試·별시別試 등의 특별시험으로 구분할 수 있다. 이중 식년무과는 인寅·신申·사巳·해亥가 들어가는 해에 문과와 함께 같이 서울과 각도에서 초시初試를 보고, 다음 해에 무예실기와 강서를 시험 보았으며, 초시初試·복시覆試·전시殿試의 3단계에 걸쳐 단계적으로 무인들을 선발하였다.

예비시험인 초시는 서울인 훈련원에서 보는 훈련원시訓練院試에서 70인을 뽑고, 지방에서는 각 병마절도사가 주관하여 향시鄕試을 보아 경상 30인, 충청·전라 각 25인, 강원·황해·영안(함경)·평안 각 10인 등 전체 120명을 뽑았다.

그리고 재시험인 복시覆試에서는 초시합격자들이 서울 훈련

---

10 『太宗實錄』卷1, 太宗 元年 7月 丁未條.
11 『太宗實錄』卷3, 太宗 2年 丁月 己丑條.

원에서 7품 이하 관리와 함께 이름을 등록하고 무예武藝와 강서講書를 시험 보아 28명을 뽑았다.

마지막으로 복시에 합격한 28명은 최종시험인 전시殿試에서 기보격구騎步擊毬 등 무예를 시험 봐서 실력의 고하高下에 따라 3등급으로 나눠 갑과甲科 3인, 을과乙科 5인, 병과丙科 20인을 정하였다.[12]

다음으로 비정기적인 특별 무과시험으로는 증광시와 별시가 있는데, 증광시는 초기에는 왕의 즉위년에 등극을 기념하기 위해 실시되었으나 선조 이후로는 존호를 올리거나 왕세자 책봉식 등 왕실의 경사 때마다 실시되었다.

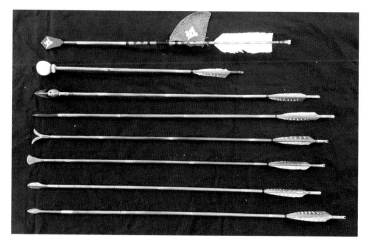

사진 2_ 조선시대 사용했던 다양한 화살 모음
명령 전달용 영전令箭을 비롯하여 다양한 용도의 화살촉을 사용하였다.

---

12 『經國大典』 卷4, 兵典 試取.

그리고 별시別試는 식년시와 증광시를 제외한 모든 특별시험
으로 별시別試, 정시庭試, 기로정시耆老庭試, 알성시謁聖試, 외방무과
外方武科 등이 대표적이다.

이러한 특별 무과시험에서는 선발인원의 제한이 없었으며,
양난을 거치면서 선발 인원이 폭발적으로 증가하여 심각한 사
회문제를 나타내기도 하였다.[13]

조선시대 무과 응시자격은 전기와 후기에 약간의 차이가 있
는데, 전기의 경우 문과와 동일하여 당하관堂下官이면 누구나 응
시할 수 있었다.[14] 그러나 무과시험 과목들에 마상무예가 주요
하게 들어 있어 실제로는 말과 시종을 거느릴 수 있는 양인良人
이상의 부유한 계층이 응시할 수 있었을 것으로 여겨진다.[15]

그리고 조선 후기에는 무과 응시자격이 대폭 확대되어 천인
을 제외하고 누구나 응시할 수 있도록 법제화되었다.[16] 이는 양
난을 거치면서 인재 수급이 어려워지고, 수전 농법을 비롯한 다
양한 농업기술의 발달로 인하여 양인 이하 계층의 경제력 증가
등에 따라 이루어진 조처였을 것이다.[17]

무과의 시험과목 및 내용은 크게 실기적인 무예武藝와 이론

---

13 심승구, 「조선후기 무과의 운영실태와 기능 - 萬科를 중심으로」, 『조선시대사학
    보』 23, 조선시대사학회, 2002.
14 『經國大典』 卷3, 禮典 諸科.
15 남지대, 「15세기 조선사회와 농민」, 『역사와 현실』 5, 한국역사연구회, 1991,
    18쪽.
16 『續大典』 卷4, 兵典 武科.
17 이영학, 「조선시기 농업생산력 연구 현황」, 『한국 중세사회 해체기의 제문제』
    下, 한울, 1987.

중심의 강서講書로 구분할 수 있다. 이는 무武와 문文을 고루 갖춰 어느 한쪽에도 치우치지 않는 무사武士를 얻기 위한 방책이었다. 조선 전기의 무과 과목의 경우『경국대전』을 중심으로 살펴보면 〈표 1〉과 같다.

표 1_ 조선전기 무과시험 과목

종류 \ 과목	시험과목		비고
	武藝(실기시험)	講書(이론시험)	
初試	木箭(240步) 鐵箭(80步) 片箭(130步) 騎射 騎槍 擊毬	없음	향리의 무과응시는 초시 전에 무경칠서의 강서 시험에서 粗(7分 만점에 3分) 이상을 받아야 한다. 목전과 철전은 3矢 중 1矢 이상 되어야 다음 과목을 치를 수 있다.(覆試도 같음)
複試	上同	四書五經 中 一書 武經七書 中 一書 通鑑, 兵要, 將鑑博議, 武經, 小學 中 一書)	강서의 고시방법은 臨文考講하여 通은 7分, 略通은 5分, 조통은 3分의 점수를 준다.
殿試	騎步擊毬	없음	殿試의 최종선발인원은 甲科 3인, 乙科 5인, 丙科 20인이다

〈표 1〉에서 볼 수 있듯이. 조선전기 무과의 실기시험인 무예의 종목은 활쏘기와 마상무예가 핵심이었다. 특히 이 두 가지의 결합인 기사騎射는 합격 여부를 판가름하는 가장 중요한 과목이었다. 이렇게 과거에 합격한 사람들은 조선전기 군사제도였던 오위五衛 체제에 편입되어 자신의 장기를 발휘하였다.

특히 조선전기 군사전략의 핵심은 선진후기先陣後技로 일단 상대방과 맞서 진을 짜고 이를 바탕으로 대규모 부대의 진법 운용을 통하여 전쟁을 수행하는 방식이었다.

이러한 진법에서 기마병騎馬兵은 진의 맨 앞에서 말을 타고 쏜살같이 달리며 활을 쏘고 창을 휘둘러 적을 제압하는 선봉부대로 위상을 떨쳤다.

조선 시대 무과 과목을 영조 22년(1746)에 편찬된 『속대전續大典』과 비교하여 살펴보면 다음의 <표 2>와 같다.

표 2_ 조선 전·후기 무과시험 과목 비교

구분 / 내용	경국대전	속대전	비 고
동일과목	木箭, 鐵箭, 片箭, 騎槍, 擊毬	左同	『속대전』에서는 騎射에서 騎芻로 표적을 바꿔 실전성을 강화하였다. 그리고 기존의 활쏘기 시험을 강화하기 위하여 貫革과 柳葉箭을 추가하였다. 또한 兩亂의 영향으로 기병이 馬上鞭棍을 이용하여 芻人을 공격하는 鞭芻와 보병의 鳥銃 시험이 추가되었다.
변경과목	騎射	騎芻	
추가과목	–	貫革, 柳葉箭, 鳥銃, 鞭芻	

조선 후기의 무과 실기과목 또한 활쏘기와 마상무예가 핵심이었다. 이는 무과시험이 갖는 특징인데, 단순히 시재試才나 취재取才와는 다르게 실기에 중심을 둔 무사武士를 선발하는 것이 아니라, 국가를 운영하는 관료를 선발하는 시험이기 때문에 조선 전기나 후기에 따라 큰 변화는 없었던 것으로 보인다.

기사騎射 또한 표적과 쏘는 방식을 제외하고는 큰 변화 없이 유지되었다. 이는 마상무예가 갖는 독특한 특성 때문인데, 말안장 위에 앉아서 펼치는 기예이기 때문에 그 변화의 폭이 크지

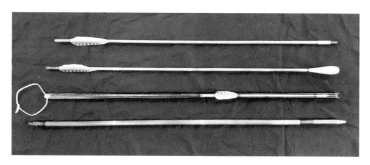

사진 3_ 무과시험용 화살
유엽전, 목전, 편전, 철전의 모습이다.

않았던 것이다. 곧 마상무예는 그 자체로 일종의 화석과 같은
특징을 갖는다고 하겠다.

그런데 〈표 2〉에 따르면 기존의 과목에 관혁貫革·유엽전柳
葉箭·조총鳥銃·편추鞭芻를 추가하고 기사騎射는 기추騎芻로 바꾼
것을 볼 수 있다.[18] 이는 화약무기의 발달이라는 시대적인 요구
에 부응하면서 좀 더 정밀한 방식으로 기예를 시험 보는 방식으
로 발전했다고 볼 수 있다.

후술하겠지만, 원형 표적 기사騎射방식의 경우는 정확한 적
의 위치를 확인하지 않고 단순히 표적만을 맞추는 방식이었기
에 그 실전성에 많은 의문점을 나타내게 되었다.

특히 임진왜란壬辰倭亂과 병자호란丙子胡亂을 통해서 명明·청
淸과 일본日本의 새로운 군사무기를 접하면서 조선의 장기인 활

---

18 『續大典』卷4, 兵典 試取 武科式年條.

쓰기를 강화하고 새로운 무기사용을 무과시험 속에서 반영하고
자 했던 것이다.

구체적으로 조총이 무과시험에 등장하게 된 이유는 전장에
서 개인 화약병기인 조총이 등장하여 임진왜란 때에 심각한 전
술적 혼란을 겪었기 때문이었다.

조총 외에도 불랑기佛狼機를 비롯한 개인 화기류의 병기와
용검用劍(쌍수도), 장창長槍, 등패藤牌 등의 단병 무예들이 일시적으
로 무과시험의 과목으로 들어가기도 하였다. 이는 일본의 전투
방식이었던 삼첩진三疊陳을 무력화시키고 전쟁의 승리를 거뒀던
종목들이었다.

그리고 기사騎射가 기추騎芻로 바뀌게 된 이유를 살펴보면 다
음과 같다.

(1) 이르기를, "기사騎射할 때 과녁을 말의 배 밑에 설치하고 굽어
보며 쏘는데, 적이 어찌 말의 배 밑에 숨겠는가. 이제 기사는 없
애고 대신 추인芻人으로 시험하고 싶은데 어떻겠는가?" 하니, 공
조판서 김명원金命元이 "기사騎射는 말 달리기를 익히는 것뿐이
니 임금의 분부대로 추인으로 시사試射하는 것이 합당합니다."
하였다.[19]

19 『宣祖實錄』卷43, 26年 10月 壬寅條. 上曰 騎射設的於馬腹之下 而俯射之 賊豈
    伏於馬腹下哉 今欲去騎射代試芻人 何如 工曹判書金命元曰 騎射所以習馳馬而已
    依上敎 試射芻人 亦當

(2) 요즈음 무사들이 전혀 무예를 익히지 않는다. …… 지금 시대
는 활쏘기로 그 사람의 덕을 살펴보는 것은 중요치 않고 기사騎射
를 잘하는 것만 취하면 되는데, 오늘날의 무사는 크고 긴 옷소매
차림으로 활쏘는 자세만 일삼고 있다. 그리고 과녁판은 실용에
도움이 되지 않으니 오로지 기사를 익히게 하는 것이 좋겠다.
기사의 법은 가까운 데서 쏘지 말고 반드시 기추騎芻를 멀리 세
워놓고서 강한 활로 쏘게 해야 한다.[20]

　(1)의 내용은 일반적인 기사의 방법에서 화살을 쏘면 과녁
이 말의 배 부위에 해당하기 때문에 적을 살상하는 데 실용성이
없으므로 추인芻人을 세워 쏘는 것이 효과적이라는 것을 언급하
고 있다.
　그리고 (2)의 기사에서는 조선 전기의 무과시험에서 행해졌
던 기사騎射는 소위 '활 쏘는 자세'에만 신경을 쓰고 '실용적'이지
못하기 때문에 기추騎芻(여기서는 짚 인형인 추인芻人을 쏘는 것을 말한다)
를 하는 것이 옳다고 하였다.
　그리고 기사騎射 때에는 기추騎芻를 멀리 두고 강한 활로 쏘
게 해야 한다고 강조하고 있다. 이는 조선 후기 개인 단병短兵
무예서武藝書의 꽃으로 불리는 『무예도보통지武藝圖譜通志』의 핵심

20　『孝宗實錄』卷6, 孝宗 2年 6月 甲子條. "近來武士專不習武藝 卿爲領袖 以身先之
　　勸獎可矣 今時則不可射以觀德 宜取善 騎射而已 今之武士 長大其袖 而唯事射體 且
　　射帿無益於實用, 宜令專習騎射 騎射之規, 勿令近射, 必遠立騎芻, 以强弓射之."

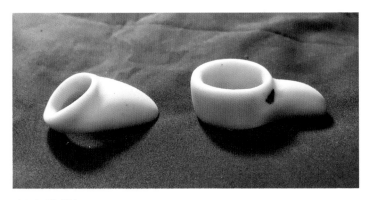

사진 4_ 깍지(決)
전통활쏘기 방식에서 엄지 손가락에 끼워 시위를 당기는 보조도구로, 암깍지와 숫깍지가 있다.

인 '수'과 '用'의 편찬의지와도 연결된다고 보인다.[21]

　　결론적으로 조선 전기의 기사騎射에서는 일반 표적을 사용하고 조선 후기에는 표적이 기추騎芻로 바뀌는데, 이는 적을 공격하는 실효성의 문제에서 기사騎射보다 기추騎芻가 더 효과적이기 때문이었다.[22]

　　실제로 말을 타고 활을 쏠 경우 표적이 어느 것이냐에 따라 상당한 차이가 발생한다. 이는 단순한 원형 표적일 경우 평면적인 형태에 화살을 쏘는 것이 되고, 추인芻人의 경우에는 사람 형

21　최형국, 『正譯 武藝圖譜通志 - 정조, 무예와 통하다』, 민속원, 2021.
22　그러나 무과를 제외한 무예시험에서 완전하게 騎射가 騎芻로 대체된 것은 아니었다. 『宣祖實錄』 卷9, 宣祖 3年 4月 丁酉條의 기사에서 보면 觀武才에서 鐵箭·片箭·騎射·騎芻·三甲射·鞭棍手·雙劍手·劍手 등의 기예를 차례로 시험하기도 하였다.

상의 입체적인 모양을 갖기 때문에 활을 쏠 경우에 더 많은 주의 집중이 요구되는 보다 효과적인 무예 훈련이 되는 것이다.

　기사騎射와 기추騎芻 이외에도 무과武科를 제외한 시취試取에서 행해진 것 가운데 말을 타고 활을 쏘는 기예로 (사)모구(射)毛毬와 삼갑사三甲射[23] 등이 있는데, 그것의 차이점과 공통점을 살펴보면 〈표 3〉과 같다.

표 3_ 모구(毛毬)와 삼갑사(三甲射)

구분 / 종류	차이점			공통점
	標的	矢	시행 방법	
(射)毛毬	皮球	無鏃箭	선행자가 말을 타고 긴 줄에 毛毬를 매어 끌고 달리면 뒷사람이 말을 타고 달리며 쏘게 함	거리보다는 적중률을 높이기 위하여 기본 화살로 깃이 넓은 大羽箭(동개시)을 사용
三甲射	騎兵	皮頭箭	북을 치면 甲·乙·丙이 각각 2인씩 말을 달리면서 그 등을 쏘는데, 甲은 乙을 쏘고, 乙은 丙을 쏘고, 丙은 甲을 쏘되 서로 함부로 쏘지 않게 함	

　〈표 3〉를 통해 나타나듯이, 모구毛毬는 움직이는 거짓 동물 표적을 쏘는 일종의 모의 사냥훈련으로 볼 수 있으며, 삼갑사三甲射[24]는 실제 기사騎射 교전交戰을 생각하며 시행했던 기병 대 기병 사이의 모의 전투 훈련의 한 가지로 이해할 수 있다.[25]

23　(射)毛毬와 三甲射에 대한 내용은 심승구, 앞의 논문(『군사』 38, 1999) 참조.
24　甲乙射라고 하여 갑, 을 두 조가 서로 화살을 주고받는 기예도 함께 행해졌는데, 三甲射와 대동소이하다.
25　모구와 삼갑사는 숙종대에 혁파되면서 더 이상 무예 훈련에 이용되지 않았다.

2. 무예 시험에서의 기사 운용 방식

조선시대에 행해졌던 각종 무예시험 속에서 기사騎射는 조선을 대표하는 기예로 자리 잡았다.[26] 조선 전기의 기사騎射 시험 방법은 말을 타고 달려가다 둥근 표적을 쏘는 방식이었다.

그런데 기사騎射는 조선후기에 기추騎芻로 바뀌는데, 이는 '실용적'인 무예 훈련을 위한 것이었다. 그러나 목표물을 둥근 표적에서 짚 인형芻人으로 바꾼 것일 뿐, 표적의 위치와 형태를 제외하고는 실제 기예에서는 큰 차이는 없었던 것으로 보인다.

조선시대 기사騎射시험에 대한 최초의 기록은 1410년(태종 10) 정월 12일자의 『태종실록』 기사에서 찾아볼 수 있다. 여기에는 '기사 직배오발騎射 直背五發'이라 하여 다섯 발을 쏘도록 하고 있다.[27]

이후 1428년(세종 10)에 도시都試의 기준을 바꾸면서 '騎射二次 各三的中者 每一箭加五分'이라 하여 2차에 각기 세 개의 과녁을 맞힌 자에게는 점수 5分을 더 주도록 하였다.[28] 이후 1429년(세종 11) 예조에서 문무과전시의文武科殿試儀를 올리는데, 여기서 조선시

1790년에 편찬된 『武藝圖譜通志』 騎槍을 살펴보면 三甲射는 肅宗 32年(1706)에 파하고 騎槍交戰으로 변경되었으며, 擊毬를 보면 '射毬(毛毬)之法은 도중에 사라지고 오늘날의 皮球와 화살은 모두 軍器寺에 보관되어 있다'라고 하였다. 또한 실록 기사에서도 毛毬는 숙종 8년(1682) 이후로는 나타나지 않는다.

26 『成宗實錄』 卷94, 成宗 9年 7月 乙亥條. "我之長技在射御."
27 『太宗實錄』 卷19, 太宗 10年 丁月 己卯條.
28 『世宗實錄』 卷42, 世宗 10年 11月 丁巳條.

대 기사騎射방법에 대하여 비교적 자세히 설명하고 있다.

> (3) 기사騎射의 표적的을 좌우에 각각 3개씩 설치하고, 표적과 표
> 적 사이의 거리는 25보步이고 3개의 표적이 모두 50보인데, 좌사
> 左射하는 자는 왼편의 표적을 쏘고, 우사右射하는 자는 오른편의
> 표적을 쏜다. …(중략)… 기사는 말을 달리며 과녁을 쏘는 사람이
> 니, 3개의 화살을 쏘고 나서 물러난다.[29]

위의 내용을 풀어 보면 기사騎射의 표적的은 좌우에 각 3개씩
설치하는데, 각 표적 사이의 거리는 25보(31.5m)이고, 전체 3개
의 표적 거리는 50보(63m)이다.[30] 좌사左射(우궁: 좌집궁자左執弓者)하
는 사람은 왼편의 표적을 쏘고, 우사右射(좌궁: 우집궁자右執弓者)하는
사람은 오른편의 표적을 쏜다고 하였다.[31] 이것을 도식화하면

---

29 『世宗實錄』卷43, 世宗 11年 1月 辛未條.
30 騎射에서 사용한 척도에 대해서는 심승구, 앞의 논문(2000) 참조. 조선시대의
    척도는 시기별로 많은 차이를 나타내고 있다. 대표적인 주척의 경우만 하더라
    도 世宗척도는 20.81cm, 經國大典은 21.04cm, 英祖척도는 20.83cm, 純祖척도
    는 20.81cm, 조선말 척도는 20.48cm이다. 특히 논밭의 크기를 재는 量田周尺
    (세종 때)의 경우도 21.79cm이므로 1척을 약 21cm로 계산하였다. 그런데『太
    宗實錄』권33, 태종 17년 2월 丁丑에는 "訓鍊觀 敎場의 步數를 周尺으로 쓴다
    는 내용이 있고, 세종 당시 1보는 6자이었으므로 1步는 126cm로 계산된다. 그
    러나 과녁의 경우 營造尺(31.21cm, 『經國大典』試取 '片箭'에 별도규격 명시)을
    적용한다.
31 활을 어느 손에 잡고 쏘느냐에 따라 左射<右弓 - 左執弓者>, 右射<左弓 - 右執
    弓者>로 구분할 수 있다. 보편적으로 오른손잡이는 활을 왼손에 잡고 화살을
    잡는 깍지 손을 오른손으로 하는 左射(좌집궁)의 방식을 취한다. 즉 다시 말해
    왼발을 앞으로 하고 왼손으로 활을 잡고 쏘면 左射하는 것인데, 현재 국궁장에
    서는 이를 右弓이라 한다.

〈그림 1〉과 같다.

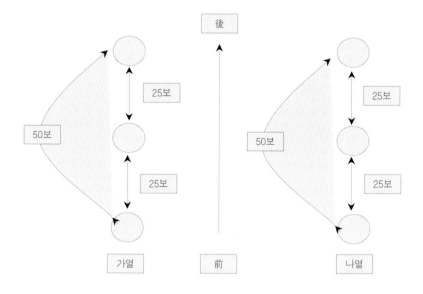

後

前

25보

50보

25보

가열

25보

50보

25보

나열

그림 1_ 세종11년의 기사(騎射) 시험방법

위와 같이 앞前에서 뒤後로 말을 타고 달려가다가 만약 기사
騎射하는 사람이 좌사左射 방식이면 〈가열〉의 표적을 쏘고, 右射
방식이면 〈나열〉의 표적을 쏘게 되는 것이다.[32]

그런데 만약 좌사左射 방식의 사람이 우사右射 방식의 표적을
쏘면 비록 표적에 맞더라도 점수를 주지 않았다. 실제의 기사騎

---

[32] 임동권 외, 앞의 논문, 230쪽에서는 좌우로 번갈아 가며 쏜다고 하였는데, 이
러한 방식은 표적의 숫자가 5개로 확대되면서 변경된 내용이다.

사진 5_ 완대(捥)
활을 잡은 줌손의 팔뚝 소매를 정리하기 위한 도구이다. 무관을 상징하는 쌍호를 수놓았다.

射에서는 표적이 앞뒤에 있던 좌우에 있든 간에 활을 쏴야 하지만, 좌사와 우사의 표적을 분명히 구분하고 있는 점은 이것이 무과시험이라는 데 따른 것으로 보인다.

한편으로 이는 무과시험 규정을 만드는 과정에서 일시적으로 나타난 현상이기도 하였다. 세종 11년의 기사 시험 방식에 대해 이러한 방식으로 기사騎射시험을 보게 되면 말은 곧장 앞으로만 달려 나가고 기마자騎馬者는 오직 한 방향의 표적만 공격하는 방식이므로 너무 단순하다는 문제가 발생하게 된다.

그리하여 1433년(세종 15)에 기사 시험 방식을 수정하여 양방향의 목표물을 공격하는 방식으로 변경하기에 이른다.

(4) 도진무都鎭撫와 훈련관訓鍊觀 제조提調를 불러서 논의하기를,
"말 타고 활쏘는 법은 말을 달리는 것의 둔하고 빠름으로써 그 잘하고 못함을 취하는데, 지금의 무사들은 오로지 말을 제어하는 데 마음을 두지 아니하고, 곧게 달려서 활을 쏘아 혹 초혁初革에 이르면 채찍을 버리고 직행直行하므로, 기사騎射의 법이 극진하지 못하다.

내가 옛 제도에 의하여 5혁革을 두되, 상거는 각각 30보로 하고, 좌우에 각각 한 과녁을 두되, 상거는 5보로 한다. 왼편 첫째는 홍혁紅革으로 하고, 다음은 백白, 다음은 홍, 다음은 백, 다음은 홍으로 하며, 오른편 첫째는 백, 다음은 홍, 다음은 백, 다음은 홍, 다음은 백으로 하여, 왼쪽에서 활을 잡은 자가 처음 첫째 과녁을 쏜 뒤에, 횡橫으로 달려서 다음은 오른쪽 둘째 과녁을 쏘고,

다음은 왼쪽 셋째 과녁을 쏘며, 다음은 오른쪽 넷째 과녁을 쏘고, 다음은 왼쪽 다섯째 과녁을 쏘며, 오른쪽에서 활을 잡은 자는 이와 반대로 한다.[33]

위와 같이, "요즘의 무사武士들은 말을 제어하는데 마음을 두지 않고 오로지 말을 곧게 달려 활을 쏘아直馳射矢 첫 표적的에 이르면 채찍을 버리고 직행直行하므로 기사의 법이 극진하지 못하다"라고 하여 기존의 기사 방식에 대한 문제를 지적하고 있다.

그리고 이에 대한 해결점으로는 관혁의 숫자를 기존의 3개에서 5개로 늘리고 앞뒤 과녁과 과녁 사이는 30보(37.8m)로 늘려 좌우의 과녁을 번갈아 가며 쏘도록 기사의 방법을 변경하였다.[34]

또한 좌우 과녁의 거리는 5보(6.3m)로 변경하였다. 이때 왼쪽의 과녁 색깔은 홍紅, 백白, 홍紅, 백白, 홍紅의 차례이며, 오른쪽의 과녁 색깔은 백白, 홍紅, 백白, 홍紅, 백白이 차례로 배치하였다.

그리고 좌사左射이건 우사右射이건 간에 말을 지그재그 방식으로 몰아 양방향의 목표물을 공격하는 방식으로 시험 방식을 변경한 것이다.[35] 아울러 과녁만 바꾸는 데 그치지 않고 말을 빨리 좌우로 통제하며 몰 것과 활을 크게 당겨 쏘는지의 유무에

---

33 『世宗實錄』卷59, 世宗 15年 3月 甲子條.
34 이것은 단순히 말고삐를 이용하여 말을 모는 것이 아니라, 고삐를 완전히 놓고 몸 扶助 즉, 온몸의 신경을 다리 쪽에 모아 체중 이동을 통해 말 방향을 바꾸는 것이다.
35 심승구, 앞의 논문(2000) 참조.

따라 성적을 달리하게 하였다.

특히 좌우의 과녁 위치 문제로
인하여 왼손에 활을 잡는 사람은
오직 왼편의 과녁만을 맞혀야 하
고, 오른손에 활을 잡는 사람은 오
직 오른편의 과녁만을 맞혀야 점수
를 주던 방식을 변경하여 비록 반
대편의 과녁을 맞히더라도 약간의
점수를 주는 것으로 무과시험에서
의 실용성을 추구하였다.[36]

이러한 기사騎射 변경안은 약간
의 수정을 거쳐 1451년(문종 1) 무과
전시의武科殿試儀로 확정 발표되기에

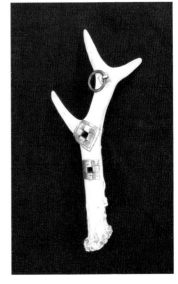

사진 6_ 촉돌이
구멍에 넣어 화살촉을 쉽게 뽑을 수 있도록 하는
보조도구이다.

이른다.[37] 무과전시의에는 기사騎射할 때의 과녁의 수, 색깔, 규
격, 배치방법, 쏘는 방법 및 감점의 규정을 세밀하게 규정하고
있다. 여기에 나타난 기사의 내용을 살펴보면 다음과 같다.

(5) 기사騎射의 표적을 설치하는데, 좌우로 각각 5개씩이며, 홍색
紅色과 백색白色이 서로 사이하여 있다. 표적은 직경直徑이 1척
2촌이며, 좌우로 거리가 5보步이다. 매 표적 간의 거리는 각각

36　『世宗實錄』卷59, 世宗 15年 3月 甲子條.
37　『世宗實錄』卷128, 五禮 序文.

35보이다.

  왼쪽으로 활을 쥔 경우는 말을 달려서 처음에 왼쪽 제1 홍색
표적을 쏘고, 다음에 말을 횡으로 달려서 오른쪽의 제2 홍색 표적
을 쏘고 …(중략)… 활을 가득 당기지 못한 것과 말을 빨리 달리
지 못한 것과 채찍을 버린 것은 비록 맞혔더라도 점수를 주지
않는다.[38]

위의 내용을 도식화하면 〈그림 2〉와 같다.

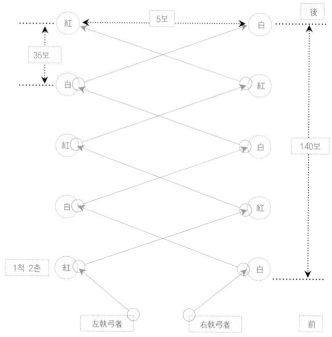

그림 2_ 무과전시의 기사 시험방법

---

[38] 『世宗實錄』卷133, 嘉禮儀式, 武科殿試儀.

〈그림 2〉에서 볼 수 있듯이 무과전시의에 나타난 기사 시험
방식은 140보(약 176m)의 거리를 말을 타고 달리며 직경 1척 2촌
(약 37㎝)[39] 정도의 좌우 5개의 표적을 맞히는 방식이었다. 또한
비록 달리는 말의 진행 방향을 바꾸지 못해서 왼쪽에 활을 쥐고
오른쪽 표적을 맞히거나, 오른쪽에 활을 쥐고 왼쪽 표적을 맞춘
것도 인정하였다.

　　이는 자유로운 기사騎射 방식을 통하여 좀 더 공격적인 기사
의 특기를 살린 것이라고 볼 수 있다. 실제로 보사步射시 발을
고정한 경우 왼손에 활을 쥐는 우집궁자右執弓者자의 경우 허리
를 비틀어 왼편 90도(사수射手의 왼쪽 측면) 각도로 쏘는 것은 쉽다.
이와 반대의 경우는 활은 비틀 수 있지만 화살을 쏘는 깍지 손
과의 힘 배율문제 및 궁체의 비틀림으로 인해 활을 쏠 수 없게
된다.

　　그렇지만 기사의 경우에서는 좌우를 반대로 비틀어 쏘는 것
이 실제로 가능하다. 왜냐하면 기사 때에 사용하는 활은 가장
작은 크기인 동개궁[40]을 사용하고 등자鐙子를 딛고 몸을 앞으로
일어서며 쏠 수 있기 때문에 충분히 비대칭적인 움직임에서도

39　여기서 표적의 크기는 營造尺을 기준으로 하여 1尺은 31.26cm이다. 『경국대
　　전』의 兵典 試取의 내용을 보면 과녁의 크기가 직경은 1자, 과녁을 놓은 자리
　　(垜)의 높이는 1자 5치로 변경되었다. 그러나 이러한 과녁은 표적이 芻人으로
　　대체되면서 의미를 잃었다.
40　이중화, 『조선의 궁술』, 1929 참조. 동개궁은 고동개활로 활과 살을 동개(鞬)
　　에 넣어 등에 메고 말을 타고 달리면서 쏘는 활이며, 주로 전시용이다. 각궁과
　　같이 만들기는 하나, 여섯 가지 재료로 만듦이 다르고 가장 작은 활이다.

활쏘기가 가능하기 때문이다.

그리고 기사騎射 때에 말의 속도 또한 점수의 중요한 요건이었다. 즉, 일정 속도 이상에서 활을 쏴야 하는데 만약 느리게 달리며 활을 쏠 경우 비록 표적에 맞히어도 '주통지법注筒之法'이라 하여 주통注筒이라는 일종의 물시계를 세워놓고 재시험을 보게 하였다.[41]

또한 속도에 대한 제한 규정과 더불어 활을 충분히 당기지 않았을 경우와 채찍을 놓치는 경우에서는 점수를 주지 않았다.

일반 원형 표적에서 추인芻人으로 표적이 바뀐 형태의 무예 시험을 17세기 후반에 그려진 〈북새선은도北塞宣恩圖〉[42]에서 살펴보면 보면 다음과 같다.

그림 3_ 〈북새선은도〉 중 일부

41 『文宗實錄』卷8, 文宗 元年 7月 癸丑條; 심승구, 『朝鮮前期 武科硏究』, 국민대학교 박사학위논문, 1994, 91쪽.
42 17세기 후반 韓時覺의 작품으로 국립중앙박물관에 소장되어 있다. 북쪽 변방인 咸鏡道 吉州牧에서 진행된 別試武科의 시험을 그린 것인데, 시험장의 형태와 騎芻에 사용되는 芻人의 모습까지도 명확하게 그려 놓아 騎芻의 모습을 가장 잘 보여주고 있다.

위의 그림에서 a1과 b1사이의 거리는 5보이고, a1과 a2 사이의 거리는 35보이다. 그래서 좌집궁자左執弓者는 a1→b2→a3→b4→a5의 순서로 활을 쏘고, 우집궁자右執弓者는 b1→a2→b3→a4→b5의 순서로 활을 쏘게 된다.

그리고 그림에서처럼 추인芻人 뒷쪽으로는 시관試官들이 홍기紅旗와 백기白旗 및 북과 징을 들고 관중貫中 여부를 감독관에게 알려주고 있다. a1 과녁의 시관들이 붉은 기를 들고 있는 것으로 보아 북을 치며 적중했음을 알리고 있는 것으로 보인다.

3. 조선시대 기사의 수련법 및 그 실제

조선시대 무예시험에서 기사騎射방식은 상당히 고난도의 실기시험에 해당하였다. 실제로 임진왜란 중 선조가 직접 무사들의 기사 훈련을 관람할 때 그 중 한 명이 말에서 떨어져 크게 다치는 사고가 있었다. 선조가 영의정 유성룡柳成龍에게 이에 대해 묻자, "말을 달리며 추인芻人을 쏘아 맞히는 것은 매우 어렵습니다."라고 대답하고 있다.[43]

이처럼 기사는 어려운 기예였기 때문에 오시五矢 중 삼중三中만 하더라도 좋은 성적이라고 할 수 있다.[44] 그리고 보사步射의

---

[43]   『宣祖實錄』 卷55, 宣祖 27年 9月 丙戌條.
[44]   『壯勇營故事』 戊申(正祖 12, 1788) 9月 初3日. 이날의 시험은 서총대에서 마무

경우 거의 고정적인 한 가지 자세로만 활을 쏘는 데 반해 기사
騎射에서는 여러 가지 방식으로 활을 쏘기 때문에 아마도 확실
한 자세를 잡기가 무척 어려웠을 것으로 여겨진다.

이런 독특한 방식의 기사 방법은 다음의 자료를 살펴보면
이해할 수 있을 것이다.

(6) 주해도籌海圖에 "말 위에서 활쏘는 법이 세 가지가 있는바,
분종分踪은 앞을 향하여 쏘는 것이고, 대등對蹬은 옆에서 쏘는
것이고 말추抹鞦는 뒤에서 쏘는 것이니, 이는 무사의 장기이다."
하였다.[45]

이와 같이 말타고 활 쏘는 법은 세 가지가 있는데, 분종分踪
은 앞을 향하여 쏘는 것이고, 대등對蹬은 옆에서 쏘는 것이고,
마지막으로 말추抹鞦는 뒤를 향하여 쏘는 것이다. 그리고 활을
쏠 때에는 회오리바람처럼 신속하게 하고 왼쪽을 돌아보면서도
오른쪽을 쏘아 맞히는 것이라고 할 만큼 기사의 방법은 사뭇 다
양하다고 볼 수 있다. 다음의 〈사진 7〉은 다양한 기사의 방식

리되지 않아 降武堂 중일청에서 試射하였다. 기추 입격자를 살펴보면 장용영
선기대 출신 車繼得은 3중으로 가자, 장교로 승진한 양인 鄭宗胤은 3중으로
직부전시, 양인 都潤身 등 7인은 2중으로 각각 활과 화살 1부, 절충 朴春奉 등
40인은 1중으로 각각 상현궁 1장을 받았다. 이처럼 3중이 직부전시의 자격이
되고, 1중으로도 상현궁을 받고 있어 騎射(騎芻)의 어려움을 짐작케 한다.

45 『兵學指南演義』 營陣正彀 卷2, 遠近兼授, 器械. "籌海圖編 馬箭之法有三 曰分
踪向前射也 曰對蹬向旁射也 曰抹鞦向後射也 止武士之長技也."

을 필자가 복원한 내용이다.

좀 더 세부적으로 기사騎射를 수련하는 방법은 다음 사료를
살펴보기로 하자.

(7) 대개 말 타고 쏠 때에는 10보步나 20보 안에 들지 않으면
쏘지 않는다. 이와 같이 가까운 것을 쏠 때에 역시 보사步射처럼
활을 가득 당겨 멈춰서 거누는 법審法을 쓰면 화살은 떠서 넘는
다. 그러므로 가까운 것을 쏠 때에는 앞 손이 뒷손보다 반드시
낮아야 한다.[46]

---

46 『射法秘傳攻瑕』射法約言, 射法引端篇, "蓋騎射非十步二十步 之內不發矢也 如
 射近亦用審法 則矢揚而大矣 故射近前手須低於後手."

사진 7_ 1. 분종(전사)
　　　　 2. 대등(측사)
　　　　 3. 말추(배사)

(8) 싸움터에서는 겨누는 것을 화살을 놓는 순간에 해야 하며 겨
눔이 끝난 후에 시위를 당겨서는 안 된다. 무슨 여유가 있겠는가?
더욱이 말을 몰며 활을 쏠 때에는 더욱 빠르게 쏘아서 적에게
손 쓸 틈을 주지 말아야 비로소 잘 쏘는 것이라 할 수 있다. …(중
략)… 서서 쏠 때와 말 타고 쏠 때는 과녁 보는 방법이 판이하게
다르다. 서서 쏠 때에는 줌 통 오른손으로 겨누지만 말 타고 쏠
때는 손등 위로 겨누게 된다. 그 이유는 서서 쏠 때는 멀리서
쏘고 말 타고 쏠 때는 가까이서 쏘기 때문이다. 보사步射의 경우
도 삼십보 내에서는 기사騎射와 동일하다.[47]

47　『射法秘傳攻瑕』 正謬篇, 緩引之謬. "所謂審者必于臨發之時 非先審而後引 何暇
　　于緩也 至若騎射之勢 如風雨尤宜疾 上加疾使人無容措手 乃爲善技若瞥 緩引法
　　卽矢且不及發何言中哉 若夫步騎之認則逈 然各別步射審于弓弛之右 騎射審于
　　手背之上 其故何也步射遠而騎射近也 設步射在三十步內 則與騎射同是."

위 (7) 사료의 내용을 살펴보면, 기사騎射의 표적과의 거리는 10보(12.6m) 내지 20보(25.2m) 이내가 아니면 쏘지 않는다고 하였다. 이는 무과전시의의 거리 규정에서도 볼 수 있듯이 상당히 근접한 거리에서 활을 쏘는 것이 기사의 보편적인 방법이었던 것이다.[48]

한편 기사 때에 앞 손(줌손)이 뒷손(깍지손)보다 반드시 낮아야 한다고 하였는데, 앞 손이 뒷손보다 높으면 조준점이 하늘을 향하게 되므로 화살이 표적 위로 벗어나기 때문이다. 달리는 말의 유격으로 인하여 조준점이 크게 흔들리므로 상체를 깊이 앞으로 숙인 후 앞 손을 뒷손보다 훨씬 낮게 하면 화살을 좀 더 안정적으로 쏠 수 있다.

특히 말이 구보로 달릴 경우 발생하는 유격의 폭은 더욱 넓어진다. 더군다나 무과시험 방식처럼 지그재그로 달릴 경우 기사자騎射者의 몸이 좌우로 더 크게 움직이므로 그 조준점의 폭은 더욱 넓어진다고 볼 수 있다. 따라서 줌손이 깍지손보다 낮아야만 정확하고 안정적인 조준이 가능해지는 것이다.

그리고 (8) 사료를 보면, 기사는 일반 보사보다 훨씬 빠르게 활을 쏘는 속사速射의 방식을 취해야 했음을 알 수 있다. 만약 기사에서 보사처럼 활을 가득 당겨 겨냥하고 쏠 경우 화살은 목

---

48 世宗代의 무과전시의에서 과녁과 과녁사이로 말을 타고 달린다면 일종의 대각 선방향으로 말을 몰고 가게 된다. 그렇다면 대각선 표적과 표적사이는 최대 약 45m정도이고 이중 절반의 거리(약 22m)를 달려가서 활을 쏠 경우 위의 거리와 유사하다고 볼 수 있다.

표물 위로 넘어갈 가능성이 높다. 목표물이 눈앞에 들어오는 순간 빠르게 활을 당겨 쏘는 방식이 기사의 핵심 사법射法임을 알 수 있다.

그리고 원거리를 염두에 둔 보사步射의 경우는 활잡은 손의 오른편으로 겨누고 당기지만(좌집궁자左執弓者 기준), 기사의 경우는 활잡은 손의 손등 위로 겨누는 것이라고 하였다. 쉽게 말해, 보사에서는 줌통을 중심으로 오른편, 기사에서는 왼편으로 겨누고 쏴야 한다는 것이다.

기사의 경우에는 달리는 말의 속도로 인하여 줌통 오른편으로 조준할 경우 과녁을 지나칠 가능성이 높기 때문이다. 그런데 보사의 경우도 30보(37.8m) 이내의 경우라면 기사와 같은 방식으로 조준한다고 하였다.

이는 보사의 경우도 가득 당긴 화살이 시위를 벗어날 때, 활의 몸체 부분(출전피出箭皮)을 치고 날아가는 현상이 근거리에서는 크게 작용하기 때문이다.

『사법비전공하射法秘傳攻瑕』에 실린 기사騎射 방법에 대한 실기적 내용을 발마發馬에서부터 수마收馬까지의 움직임의 순서대로 살펴보면 다음과 같다.[49]

① 말을 출발시킬 때에는 반드시 말에 착 달라붙어서 말과 같이

---

49   『射法秘傳攻瑕』馬射法.

힘을 쓰기 시작한다. 發馬 須隨着馬力顚開如馬

② 말을 타고 달려 나가는 법은 마땅히 걸터 앉아야 하며 발을 뻗쳐 앉으면 안 된다. 馳驅之法 宜踞坐不宜跕坐

③ 말이 달릴 때에는 마땅히 몸을 앞으로 숙여야지 몸을 고추 세우는 것은 옳지 못하다. 馳馬 宜以身才業向于前不宜直挺在上

④ 말이 이미 달려서 둥글게 빙빙 돌기 시작하면 화살을 뽑아 조용히 활에 걸어야 한다. 馬已馳圓方 可取箭從容

⑤ 말을 타고 활을 쏠 때에 말고삐를 일찍 놓는 것이 옳지 못하다. 馬之扯 手不宜離早恐馬

⑥ 근거리에서 활을 쏠 때에는 (쏘는 순간) 앞 손이 뒷 손보다 낮아야 한다. 射近 前手須低於後手

⑦ 말고삐는 마땅히 짧아야지 길어서는 안 된다. 扯手 宜短不宜長

⑧ 반드시 두 손을 말갈기 가까이 하고 두 손에 힘을 고르게 주어 세워야 한다. 必以雙手近鬃 用力分而收之可

이 가운데 ⑤ '활을 쏠 시에 말고삐를 너무 빨리 놓지 말기' 부분을 살펴볼 필요가 있다. 『사법비전공하』의 '사비지류舍轡之謬'편[50]을 보면 작은 고삐를 잡고 활을 쏴야만 자세가 온건하다고 하였는데, 보통 말의 고삐는 재갈을 중심으로 좌우에 두 개가 사용된다. 물론 마장마술 경기에서는 좀 더 말을 섬세하게

---

50   『射法秘傳攻瑕』 舍轡之謬. "凡騎射者類皆舍 …(중략)… 故騎射必帶小轡于手故 騎射必帶小轡于手方穩無斜開 …(중략)… 是于 不必矢鏃上指而骨節自引滿矣."

다루기 위해 네 개의 고삐를 사용하기도 한다.

그런데 실제로 아직까지 말문화가 가장 잘 남아 있는 몽골에서는 두 개의 고삐 이외에 왼쪽 재갈부분에 보조고삐를 메고 말을 타는 것을 볼 수 있다.

비록 『사법비전공하』가 청淸의 병서를 그대로 수용하여 재발간한 것이라고 하더라도 조선시대 핵심 감영인 평양감영平壤監營에서 이를 보급한 점을 감안한다면 조선에서도 이러한 보조고삐를 사용하여 기사騎射를 수련했을 가능성이 높았을 것으로 여겨진다.

기사 훈련에 있어서 그 선결조건은 당연히 기마騎馬에 대한 문제이다. 다시 말해 활을 어떻게 쏘느냐에 대한 문제보다도 말을 얼마나 능수능란하게 몰 것인가가 기사의 선결과제인 것이다.

그래서 『사법비전공하』의 마사법馬射法 첫 장에서도 "평일에 말을 천천히 몰거나 급하게 몰기를 거듭하여 오래 연습한다면 순수하게 숙달되어 말을 타고 자신의 뜻대로 움직이는 법을 저절로 터득하게 된다得意忘形"라고 하였다.[51]

그런데 조선시대에 기사를 비롯한 마상무예에 사용한 말의 종류는 어느 것이었을까?[52] 우리나라는 전통적으로 키가 작은 조랑말果下馬을 전투에서 사용하고, 조선시대 또한 크게 다르지

---

51 『射法秘傳攻瑕』 馬射法. "馬射與步射不同 全要在平宮調習馬耳 平日先慢行次緊 行久之純熟自得意忘形."
52 노영구 공저, 『정조대의 예술과 과학』, 문헌과해석사, 2000, 206쪽.

01 조선시대 마상활쏘기·기사시험의 변화와 실제 │ 47

사진 8_ 기사 발시 후 모습
활을 쏜 후에는 마치 학이 날개를 펼치듯 손이 펼쳐지은 학무형 기마궁체이다.

않다고 보는 것이 일반적인 견해이다. 전장戰場에서 기병의 역할은 최대한 신속하게 적진에 침투하여 충격력衝擊力으로 적의 진陣을 부수고 교란시키는 데 있다. 사용하는 말이 대마大馬(胡馬)인지 소마小馬(果下馬, 조랑말)인지에 따라 마상무예를 비롯한 진법에서의 활용은 크게 차이가 난다.

화약무기가 발명되지 않았던 13~14세기 전 경우에는 대마大馬는 중장기병일 가능성이 높고, 소마小馬는 경장기병일 수가 있다. 조선시대의 경우는 화약 무기 발달의 속도와 함께 기병전술도 함께 변화하였다.

조선후기의 경우 총탄이 이미 갑옷의 방호력을 뛰어 넘어 오히려 조총의 재장전 속도를 뛰어 넘어 충격력을 가할 수 있는 빠른 대마형 경장기병이 탄생하게 되는 것이다.

그리하여 중국과 국경선을 접하고 있는 양계兩界의 경우는 조선 초부터 전통적인 과하마果下馬보다는 호마胡馬를 무역을 통하여 구입하여 전마에 충당하고 있었다. 그리고 이전부터 원활한 전마 수급을 위하여 강화江華의 장봉도長峯島 목장에서 호마를 방목하여 번식시키기도 하였다.

이렇게 호마가 전마로써 각광받게 되자 심지어 국경 근처에서 사는 사람들은 우마牛馬 7~8두頭를 주고 호마 한 마리와 바꿔 심각한 사회문제가 되기도 하였다.[53]

---

53 『中宗實錄』 卷16, 中宗 7年 閏5月 辛丑條.

이러한 전마戰馬 문제는 조선 후기에도 크게 변하지 않았다. 정조대에 이르러서는 대마大馬의 형태인 낭달마閬㺚馬가 전마戰馬로 사용되기도 하였다.[54] 이렇게 시간이 흐를수록 전마가 대형화 되는 것은 당시의 전쟁의 양상과 무관하지 않다.

즉, 임진왜란 이후 화약병기가 급속도로 발전함에 따라 기병의 전법이 보다 신속한 돌진과 충격력에 의한 것으로 변화되었기 때문이다.[55] 결론적으로 소마小馬보다는 대마大馬가 신속한 돌진과 충격력에 보다 유리했기 때문이다. 그렇다면 조선시대에는 결코 키가 작은 조랑말을 전마戰馬로 사용하지 않았던 것이 분명하다.

아울러 조선시대 기사騎射에서 어떠한 장비를 사용하였는지에 대한 검토도 이루어져야 한다. 현재 남아 있는 유물과 기록화들을 살펴보면 조선시대에 기사의 필수 장비는 활과 화살로는 동개궁과 동개시(대우전大羽箭) 그리고 패용 장비로는 활을 넣는 궁대와 화살을 꽂는 시복이 활용되었다.[56]

곧, 말 머리에 걸리지 않고 좌우로 자유롭게 당길 수 있는 동개궁이라는 작은 활을 사용하였고, 원거리를 날아가는 것보다 적중률을 높이기 위하여 화살의 깃이 넓은 대우전大羽箭 방식

---

54 『壯勇營大節目』卷1, 馬政. 壯勇營에서는 㺚馬뿐만 아니라, 토산말 중 몸집이 큰 것도 함께 사용되었다.

55 盧永九, 『朝鮮後期 兵書와 戰法의 연구』, 서울대학교 박사학위논문, 2002.

56 대표적으로 『영조정순후가례도감의궤』 반차도와 안릉신영도에 궁대와 시복(동개일습)을 착용한 모습이 보인다. 고구려 무덤벽화에서도 동개일습의 모습을 확인할 수 있다.

을 사용했던 것이다.

특히 화살을 꽂는 시복은 기사방식에 있어서 핵심이 되는 장비로 우리들이 흔히 알고 있는 원형통 형태의 것이 아닌 낱개로 꽂아서 한발씩 뽑아서 사용하도록 하였다. 만약 원형통의 형태를 등이나 어깨 메고 기사를 한다면 몸을 숙이는 동시에 화살이 전부 쏟아질 것이다.

즉, 어떠한 장비를 사용하느냐에 따라 기사騎射의 실제 부분이 달라질 수 있으므로 좀 더 면밀한 고증과 복원작업이 이뤄져야 할 것이다.

앞서 언급한 부분들을 간략해 요약해 보면 다음과 같다.

먼저, 기사는 활쏘기와 기마법이 잘 조화되어 조선시대 당시 무예시험에서 가장 중요하게 채택되었던 시험과목으로 무사武士 선발의 기준이었다. 또한 기사騎射(騎芻)와 더불어 삼갑사三甲射와 모구毛毬 또한 활발하게 행해졌으나, 숙종대 이후로 기사騎射 쪽으로 흡수 통합되었다.

무과武科에서 행해진 기사 시험 방법은 시기별로 약간씩 변경되고 있었다. 처음에는 이열 종대로 3개의 원형 표적을 세워놓고 기사자騎射者가 직선으로 달리며 활을 쏘는 방식이었다가, 1433년(세종 15) 지그재그 방식으로 활을 쏘도록 시험 방법이 변경되었다. 표적의 숫자 또한 3개에서 5개로 많아졌다.

그리고 임진왜란 이후에는 단순한 원형 표적에서 추인芻人으로 표적이 대체되는데, 이는 좀 더 실전적인 기사법騎射法 확립을 위하여 이루어진 조처였다. 또한 기사법騎射法에는 분종分踪과

그림 4_ 〈무과시장(武科試場)〉
기산 김준근의 풍속화 중 무과시험장의 모습을 다룬 그림이다. (부산광역시립박물관 소장)

대등對蹬 그리고 말추抹鞦 등 세 가지 방식이 있었다. 이는 기사자騎射者가 전후좌우 모든 방향에 활을 쏠 수 있도록 하기 위함으로 실제 무과시험에서도 사용되었으리라 여겨진다.

그리고 조선시대 기사에 사용된 말은 우리가 흔히 알고 있는 조랑말果下馬이 아닌 호마胡馬나 낭달마閬鐽馬 등 몸집이 비교적 큰 대마大馬였다. 이는 기병전술의 핵심인 충격력 때문인데, 개인화기가 발달하면서 조선 후기에 이르러서는 순간 돌파력이 뛰어난 대마가 전장戰場에서 더 효과적이기 때문이었다.

따라서 조선시대 기사는 호마胡馬 등의 비교적 큰 말을 타고 지그재그 방식으로 말을 타고 달리며 활을 쏘았으며, 개인 화기火器가 상당히 발달했던 조선 후기까지도 그 실효성을 인정받았던 무예였음을 알 수 있다.

또한 기사騎射에 사용되는 장비인 동개궁과 동개시는 말 위에서 자유롭게 활을 움직이고, 원거리보다는 단거리의 표적을 정확하게 맞히기 위해서 사용된 것으로 보인다.

앞으로 이러한 무예사武藝史에 해당하는 영역은 몸의 역사이기 때문에 실제로 그것을 함께 수련하면서 연구하는 것도 효과적일 것이다. 그것은 사료 중심의 무예사 연구가 갖는 한계성 때문인데, 실제로 몸에서 몸으로 이어지는 역사적 흐름을 연구할 때에는 실기적인 부분이 사료 이상 중요하기 때문이다.

02

조선시대 애기살 · 편전片箭의
활쏘기 특성과 위상

1. 활과 화살의 역사적 시작과 편전

활과 화살은 고대부터 근거리 공격무기인 칼과 함께 원거리 사냥도구이자 전투무기로 인정받았다. 청동기나 철기를 사용하기 이전부터 인류는 단단한 돌을 날카롭게 쪼개거나 갈아내어 근접전투를 위한 돌칼을 만들었고, 잘 휘어지는 나무에 식물성 끈을 연결하여 활을 만들어 보다 먼 거리에서 화살로 사냥하는 방법을 고안하였다.

초기에는 돌을 날카롭게 만든 돌촉을 화살 끄트머리에 달아 살상력을 높이는 방식이었다. 그 과정에서 화살의 비행력을 안정시키기 위하여 화살머리에 새의 깃을 달아 정확도를 높이는 방식으로 발전하였다.

활의 몸체의 경우도 처음에는 단순하게 한 개의 긴 나무를 이용하여 제작하였다가, 보다 강력한 활을 만들기 위하여 성질이 다른 두 개의 나무를 연결하거나 짐승의 뿔을 덧대어 파괴력을 증폭시켰다. 또한 그 형태도 직궁直弓에서 만궁彎弓으로 변화하는 등 다양한 변화를 거쳤다.[1]

이후 청동과 철기 등 금속을 제련하는 기술이 발달하면서 보다 살상력이 강한 금속성 화살촉이 만들어졌고, 활의 경우도 동물의 뼈나 특수부위를 가공하여 만든 천연 접착제인 아교阿膠나 어교魚膠 등을 이용하여 복합적인 소재를 결합시켜 보다 강력한 활을 만들었다.

화살 역시 시누대(산죽)와 싸리나무 등 주변에서 쉽게 얻을 수 있는 다양한 소재의 곧은 나무에 각각의 사용상황에 따라 화살촉의 형태를 바꿔가며 결합하여 보다 효율적인 비행 발사체로 거듭나게 되었다.

이러한 활과 화살의 발달을 통해 인류는 보다 먼 거리에서 보다 정확하게 사냥감이나 적을 공격하는 전술戰術을 확립하였고, 단순한 전투도구의 기능을 넘어 유희遊戱와 예의禮儀를 상징하는 도구로 활쏘기의 위상을 높여 나갔다. 우리나라에서도 활쏘기는 삼국시대 이전부터 사냥이나 전쟁용 무기의 성격뿐만 아니라 예禮를 함양하는 도구로 인정받았다.[2]

---

1   강재현, 「한국 고대 활의 형식과 변천」, 『신라사학보』 31호, 신라사학회, 2014, 273~282쪽.
2   최형국, 「18세기 활쏘기(國弓) 수련방식과 그 실제 -『林園經濟志』「遊藝志」射訣을 중심으로」, 『탐라문화』 50호, 제주대학교 탐라문화연구원, 2015.

대표적으로 고구려 무덤벽화인 무용총의 기사도騎射圖을 비롯한 여러 벽화에서 사냥이나 의식의 일환으로 활이 등장하는 장면을 쉽게 찾아 볼 수 있다.[3] 이후 고려시대를 거쳐 조선왕조로 접어들면서 불교에서 유교사회로 변화를 모색하면서 활쏘기는 더욱 번성하였다.

사진 1_ 통아에 장전된 편전의 모습
통에 넣어 발사하는 조선의 비밀병기로 불렸던 편전

특히 조선의 무관武官을 뽑는 무과시험과[4]이나 대사례大射禮 등 다양한 활쏘기 시험과 의례들이 새롭게 안착되면서 그 가치와 의미는 더욱 커졌다.[5] 임진왜란 이후 변화된 전술체제에서도 훈련도감訓鍊都監의 삼수병三手兵 체제에 활을 쏘는 사수射手는 여전히 중요한 병종이었다.[6]

편전片箭의 경우는 일명 '동자전童子箭'이나 '애기살'이라고 불리며 조선의 군사용 활쏘기를 대표하는 특수무기이자 무예로

---

3 대표적으로 북한 남포시 강서구역 덕흥동에 있는 덕흥리 벽화무덤의 경우에는 말을 달리며 짐승을 사냥하는 모습과 함께 '馬射戲'라고 불리는 놀이 형태의 활쏘기 모습을 확인할 수 있다.

4 최형국, 「조선시대 騎射 시험방식의 변화와 그 실제」, 『中央史論』 24집, 중앙사학연구소, 2006, 36~39쪽.

5 강신엽, 「朝鮮時代 大射禮의 施行과 그 運營 -『大射禮義軌』를 중심으로」, 『조선시대사학보』 16집, 2001, 1~8쪽.

6 정해은, 「임진왜란기 조선이 접한 短兵器와 『武藝諸譜』의 간행」, 『군사』 51호, 군사편찬연구소, 2004, 151~183쪽.

인정받았다.[7] 특히 발시發矢 방법에서 '통아筒兒(桶兒)'라고 불리는 보조용 대롱(덧살)에 넣어 장전하기에 사용법이나 의미성을 제대로 짚어내기가 어려웠다.

편전片箭에 대한 선행 연구 중 강성문姜性文의 「조선시대 편전에 관한 연구」는 문헌 연구를 중심으로 편전의 유래 및 발시發矢 문제와 효용성을 처음으로 논거로 밝힌 것이라 의미가 깊다.[8]

또한 이 논문의 발표이후 국궁國弓을 수련하던 수련인들 중에서 새로운 활쏘기의 형태를 복원하여 수련하는 계기가 만들어져 상당한 영향을 끼쳤다고 볼 수 있다. 다만, 이미 실전失傳된 편전을 실기적으로 다루지 못했던 한계로 인해 문헌연구의 한계성과 사용한 도판圖板의 오류를 비롯하여 약간의 오해의 소지가 있는 부분이 있다.

이와 함께 편전이 조선 군영軍營에서 금비책禁秘策으로 관리되어 북방이나 왜구들에게 전파되는 것을 극도로 꺼렸지만, 일본에서 편전과 유사한 형태의 활쏘기가 사료로 정리되어 있어 일본사료 속 편전에 대한 연구가 진행되기도 하였다.[9]

---

7 『靑莊館全書』55卷,「盎葉記」二, "片箭 惟我國有之 故與中國之鎗 日本之銃 天下無敵 按金中京留守强伸 爲元兵所圍 兵器已盡 以錢爲鏃 得元兵一箭 截以爲四 以筒鞭發之 此片箭之始也."
8 姜性文,「朝鮮時代 片箭에 관한 硏究」,『학예지』4집, 육군사관학교 육군박물관, 1995.
9 이찬우,「일본에 전승되는 조선의 궁술「片箭」,『한국체육사학회지』54호, 한국체육사학회, 2017, 71~79쪽; 이헌정,「한·일 전통궁시(弓矢) 비교연구 - 편전(片箭)과 구다야(管矢)를 중심으로」,『일본근대학연구』제57집, 한국일본근대학회, 2017, 210~226쪽; 특히 이헌정의 논문에서는 일본의 구다야 사법에 대

따라서 본 연구에서는 이러한 선행연구의 결과물을 바탕으로 조선시대 군사용으로 활용한 편전片箭의 효용성 및 특수성을 새롭게 발굴한 다양한 사료 속에서 그 의미성을 다루고자 한다.

특히 편전의 경우 통아를 이용하는 발시 특성으로 인해 조선시대에도 상당히 위험한 활쏘기로 인식되었지만, 실제로 필자가 직접 활쏘기 현장에서 실기사적 움직임을 보강하여 미시적인 움직임까지도 논고로 정리하고자 한다.

2. 애기살 · 편전의 발시 특성과 그 사법

조선시대의 경우 물소

그림 1_ 관이전 貫耳箭
편전처럼 짧은 형태지만, 죄인의 귀를 꿰뚫어 사용하는 형벌의 도구로 사용한 화살이다.

뿔과 뽕나무 및 대나무를 비롯한 다양한 소재를 결합한 복합궁 형태의 각궁角弓을 비롯하여 만들기가 단순하고 비용을 적게 들이는 단순궁 형태의 목궁木弓이나 죽궁竹弓 등 여러 가지 활이 군사용으로 활용되었다.

그리고 화살의 경우도 산죽山竹이 나는 곳에서는 대나무 형태의 죽시竹矢을 몸체로 활용하고, 함경도를 비롯한 북방에서는

해 그림과 글로 설명한 『신명불심궁지서』라는 책을 통해 조선의 편전사법과 비교하여 동질성과 차이성을 밝힌 것이 의미가 있다.

싸리대를 이용한 목시木矢를 주로 만들어 사용하였다.

보통은 구하기도 쉽고 곧게 펴기도 쉬운 죽시竹矢가 무과시험에서도 보편적으로 활용되었는데, 일반적인 유엽전柳葉箭 형태를 기본으로 활용하였다.

또한 '육량전六兩箭'이라고 불리는 대형화살을 비롯하여 '편전片箭'이라 하여 그 크기가 일반 화살에 비해 절반 크기 이하의 화살 등 다양한 형태의 화살이 무과시험이나 전투에 실제로 사용되었다.[10]

조선시대에 일반적으로 사용하는 화살대의 길이는 4척尺에서 3척 8촌寸정도였다.[11] 그런데 편전의 경우는 이보다 약 ⅓~¼정도의 길이인 1척 2촌의 짧은 규격의 화살을 사용하였다.[12] 그런데 이처럼 짧은 화살을 일반적인 활의 시위에 걸어 쏘려면 활을 가

---

10 최형국, 「조선시대 활쏘기 중 鐵箭(六兩箭) 射法의 특성과 그 실제」, 『민속학연구』 46호, 국립민속박물관, 2020.

11 『世宗實錄』 卷133 「軍禮序例」 矢, "今箭長四尺或三尺八寸."; 현재 활터에서 사용하는 일반적인 규격의 화살은 팔의 길이 및 힘의 세기와 연동하여 5.0에서 9.0까지 다양하게 사용되고 있다. 여기서 말하는 5.0이나 9.0은 화살의 길이를 말하는 것이며, 중간인 7.5를 기준으로 설명하면 다음과 같다. 7.5는 2자 7치 5푼에서 2자를 생략한 표기 형태이다. 7.5규격의 화살을 cm로 환산하면 대략 2자=60.3cm+7치=21.21+5푼=1.5cm 로 약 83.3cm정도의 길이이다. 5.0:2자 5치=75.75cm에서 9.0:2자 9치=87.87cm 정도가 보편적 화살길이다. 이 길이는 화살의 촉끝부분에서 시위가 끼워지는 오늬 속까지의 길이에 해당한다.

12 1척은 周尺일 경우는 20.1~3cm 내외, 螢造尺일 경우 30.3~5cm 내외이므로 길이가 1척2촌이면 대략 24~36cm 정도로 매우 짧은 화살이 편전이다. 현재 박물관에 남아 있는 편전 유물을 살펴보면, 44~47cm의 크기도 존재한다. 아마도 활을 쏘는 사람의 팔 길이와 비례해서 사용하는 편전의 길이도 다른 것으로 추측된다. 편전이 이렇게 짧은 이유로 우리말로는 '애기살'이라는 표현이 사용되었고, 童箭 혹은 童子箭이라는 이름으로 불리기도 하였다. 또한 편전과 발음이 유사한 '邊箭'이라는 명칭으로도 불렸다.

득 당길 시에 화살 앞 고정점이 없어 발시 자체가 불가능하다.

만약 편전처럼 짧은 화살을 쏘려고 한다면, 활 크기 또한 해당 화살의 규격에 맞게 아주 작아야 발사가 가능하다. 문제는 이렇게 활의 크기가 작아지면 아이들의 장난감 수준으로 활의 장력이 낮아지기에 전투시 활용가치가 없게 되는 것이다.

이러한 편전의 짧은 화살 길이를 전투에서 효과적으로 사용하기 위하여 일종의 보조도구인 대롱(통아-桶兒/筒兒)에 넣어 발시하는 것이 조선의 특수한 활쏘기인 편전의 특징이었다. 다음의 사료를 통하여 조선시대 편전 사법과 핵심적인 특성을 확인할 수 있다.

(1) 철로 만든 촉에 화살대의 길이가 1척 2촌인 것을 편전片箭이라 부른다. 편전은 화살을 대롱(筒-桶兒/筒兒)으로 쏘는 것인데, 대롱을 반으로 갈라서 일반적인 활에 사용하는 화살의 길이와 같게 한다. 화살을 대롱 중심에 넣는데, 활시위 위에서 화살을 흘려 넣는다. 대롱 끝에 구멍을 뚫어 짧은 줄을 묶는데, 활을 당기는 손목(깍지손)에 연결한다. 대롱의 골로 이미 발시된 것은 손등(깍지손) 쪽으로 격발된다. 적에게 화살을 쏘아 맞히면 관통하기에 전투 진형에서 두루 사용한다.[13]

---

13 『世宗實錄』 卷133 「軍禮序例」 矢, "鐵鏃而幹長一尺二寸曰片箭 片箭筒射之箭 剖筒之半與常弓所用箭等 納箭筒中注箭絃上 筒旁爲竅穿小繩繫于腕殻弓 旣發齸 筒向手背激 矢射敵中者洞貫 皆用於戰陣."

그림 2_ 군사대열 중 관이전과 영전의 위치
군사 지휘관 앞에는 군령을 상징하는 영전과 관이전이 배치된다. (『화성원행의궤도』, 국립중앙박물관 소장)

사료에 의하면, 일반 화살보다 극히 짧은 편전을 일반크기
의 활을 통해 발시發矢하기 위해 보조도구인 통아桶兒를 활용하
고 있음을 알 수 있다. 통아의 형태는 대롱의 반을 갈라서 그
끝을 손목에 매달고, 통아의 구멍에 물을 흘려 넣듯 편전을 그
사이에 끼워 발시함을 알 수 있다.[14]

통아를 활용하여 편전을 발시할 경우, 일반적인 크기의 활
에서도 만작까지 당길 수 있기에 충분한 탄성력을 얻을 수 있어
전투에 활용할 수 있었던 것이다.

편전의 가장 대표적인 장점은 '적에게 화살을 쏘아 맞히면
관통貫通'하다는 것이 가장 두드러진 특성이었다.[15] 편전은 일반
적인 유엽전柳葉箭을 비롯한 장전長箭에 비해 길이가 짧기에 동일
한 활로 발시 할 경우 비행속도가 장전류에 비해 훨씬 빠르고
비행 후 목표물에 도착시 육안으로 확인하기 어려운 특성으로
인해 원사무기의 장점을 가장 잘 가지고 있다.[16]

---

[14] 편전을 통아에 넣어 쏘는 방법에는 현재 크게 두 가지 방법이 활용되고 있다.
    그 첫 번째는 먼저 편전을 통아에 장착한 후 활시위에 끼워 넣고 편전 매듭을
    손목이나 中指에 거는 방식이다. 두 번째는 편전을 먼저 시위에 장전한 후 손
    목이나 중지에 고정된 통아를 끼워 넣는 방식이다. 첫 번째 방식은 '편전통아
    일체 선 고정형'의 경우는 빠른 장전속도가 장점이지만, 통아 매듭걸이를 손목
    에 다시 끼워 넣어야 하는 번거로움이 있다. 두 번째 방식인 '편전 고정 후 통
    아 삽입형'의 경우는 통아 걸이를 손목이나 손가락에 먼저 고정한 후 편전을
    통아에 흘려 넣는 방식으로 고정하는 방식이 있다.
[15] 李重華, 『朝鮮의 弓術』, 조선궁술연구회, 1929. "(四, 弓矢의 種類) 一, 片箭은
    俗이 애기살 이라하니 箭이 小함에 因함이며, 長은 鏃을 除去하고 布帛尺으로
    八寸이니 武科初試와 覆試에 三矢를 用하며 步數는 一百三十步라 此를 筒中에
    入하야 發射하나니 此는 科規의 準的이오 一千步以上을 能達하며 矢의 着力이
    强하고, 鏃의 尖이 銳利하야 堅甲重鎧라도 貫透하며."

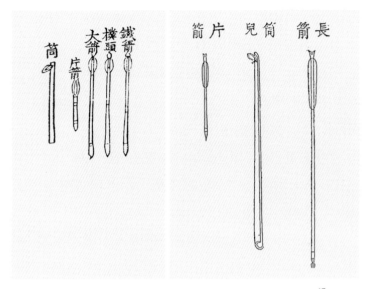

그림 3_ 조선전기 『국조오례서례』(좌)와 조선후기 『융원필비』(우)의 편전과 통아[17]

　　편전과 통아의 형태를 사료를 통해 확인하면 〈그림 3〉과 같다.
　　위의 그림에서 확인할 수 있듯이, 편전은 다른 일반적인 화
살에 비해 그 크기가 매우 짧았음을 알 수 있다. 이러한 편전의
빠른 비행속도와 원거리 비행 능력의 특성으로 일반 화살에 비
해 월등한 살상력을 갖는데, 다음의 사료를 통하여 이를 확인할
수 있다.

16　편전의 빠른 비행속도는 비행거리와 비례해서 일반 장전에 비해 유효사거리가
　　두 배 이상이다. 이러한 편전의 비행 속도로 인해 관통력이 우수하다고 평한
　　것이다. 속도 측정기를 이용하여 비행속도를 측정한 경우, 일반 장전은 약 60
　　~65m/s 정도이며 편전은 약 75~80m/s 정도로 순간 속도가 장전에 비해 빨라
　　관통력이 우수하다고 판단된다.
17　『國朝五禮序例』 軍禮 「兵器圖說」.; 『戎垣必備』.

(2) 군사들에게 재주를 연마시킬 때 반드시 편전片箭에 합격合格한 사람으로서 다른 기예技藝를 시험 보도록 허가하여 아울러 계산한다면, 입격入格하는 사람은 10명에 1, 2명도 없게 될 것입니다. 대저 화살을 맞힌 사람은 더 주고, 과녁을 꿰뚫은 사람은 곱절로 주어 권장하고 격려하는 방법은, 이미 성상의 전교를 받았으니 다시 논할 필요가 없습니다.

다만 습속習俗은 모두 한때의 호상好尚에 기인基因하게 되니, 혹은 무과武科시험을 볼 때라든지 임금이 활쏘기를 구경할 때라든지 사소四所의 군사들이 활쏘기를 연습할 때에 편전片箭을 겸해서 시험하여 체아직遞兒職을 제수除授하게 하고, 또 여러 도道의 대진大鎭·소진小鎭에 유방留防하는 군사들도 서울에서 활쏘기를 연습하는 예例에 의거하여 편전片箭을 겸해서 시험한다면, 자연히 습속을 이루게 되어 우리나라의 장기長技가 마침내는 마땅히 절묘絶妙하게 될 것입니다.[18]

위의 사료를 보면, 편전의 우수한 관통력과 원거리 살상력은 군사들의 시취試取에서도 매우 중요한 요소였음을 알 수 있다. 그 내용 중 "(편전으로) 과녁을 꿰뚫은 사람은 점수를 곱절로 주어 권장하고 격려하는 방법"에 대해 이미 국왕의 전교를 받아 진행되고 있음을 알 수 있다.

---

18 『成宗實錄』卷152, 成宗 14年 3月 丙午條.

이렇듯 편전은 표적에 대한 정확한 적중 능력과 함께 관통할 수 있는 파괴력을 높이기 위해 지속적으로 훈련되었음을 알 수 있다.

그리고 무과시험에서 다른 보사步射시험 중 목전木箭(樸頭)이나 철전鐵箭(六兩箭)의 경우는 표적을 맞추는 것보다 표적보다 먼 거리까지 화살이 날아가면 추가 점수를 주는 방식과 비교되는 지점이기도 하다.[19]

또한 임진왜란 중 선조宣祖를 호종하여 의주까지 함께 간 신하인 좌찬성左贊成 정탁鄭琢이 남긴 기록의 일부를 보면, 편전의 장점인 원거리 비행 능력과 함께 30~40보(약 36~48m)정도에서는 적군을 관통하여 2명까지 죽일 수 있고, 100보에서 200보(약 120~240m)에서도 사람을 맞혀 다치게 할 정도로 근거리 관통력과 원거리에 대한 뛰어난 살상력을 가지고 있었음을 알 수 있다.[20]

이러한 편전의 우수한 관통력으로 인해 철갑으로 무장한 도적들도 편전에 대한 두려움을 가졌는데, 다음의 사료를 통하여 이를 확인할 수 있다.

---

19 『經國大典』卷4, 兵典, 試取條 중 鐵箭을 예를 들면, "목표까지의 거리는 80步이며, 一矢의 重量은 六兩, 一發이 目標에 미칠 때마다 七點을 주고, 80步를 지나면 5步마다 一點式을 가한다. ○ 初試 때는 득점시수 一矢 이상을 選拔하며 覆試도 이와 같다"라고 하였다. 木箭 역시 철전과 유사하게 과녁에 적중하는 것보다 과녁보다 멀리 화살이 날아갈 경우 추가 점수를 주는 것으로 규정하고 있다.

20 『藥圃先生文集』卷之二, 「書」與明儒胡煥. "本國片箭長於遠射 三四十步 斃二人 數十百步斃一人 百餘步 二百步 亦能中傷 其於鐵丸 亦可相當."

(3) 저쪽 사람은 1백여 명이 있었는데 기병騎兵과 보병步兵이 서로 반반半半이었고, 철갑鐵甲을 입은 자가 그 반半이었으며, 갑옷을 입은 자는 모두 쇠로 영수領袖를 만들었습니다. 또 그 얼굴을 가려 싸서, 드러나 있는 것은 두 눈뿐이었으며, 혹은 몽둥이를 잡고 싸우기도 했습니다.

우리 쪽 사람이 처음에 장전長箭으로 쏘았더니, 저들 중 갑옷을 입은 자는 뛰면서 휘두르기도 하고, 혹은 그 화살을 주워서 도로 쏘았습니다. 그래서 편전片箭으로 쏘았더니 저 사람들이 피할 수가 없어서 두려워했습니다.[21]

위의 사료를 보면, 철갑으로 무장한 군사들에게 장전長箭을 쏘았을 시에는 몽둥이를 가지고 유관으로 확인하면서 쳐내거나 피하는 동작까지 할 정도에 위협감을 전혀 느끼지 못했음을 알 수 있다. 심지어 날아 온 화살을 주워 다시 쏘았을 정도로 장전은 철갑에 무력하게 느껴질 정도다.

이에 반해 편전은 상대가 화살이 날아오는 것을 알 수 없었기에 두려워했었음을 알 수 있다. 특히 편전의 두 번째 장점은 편전을 쏘았을 때에 통아가 없으면 상대가 그 화살을 주워 다시 쏠 수 없는 부분도 함께 확인 할 수 있다.[22]

---

21 『成宗實錄』卷249, 成宗 22年 1月 辛丑條.
22 일반적인 전투현장에서 長箭은 아군 적군에 관계없이 서로 화살을 주고받는 형태로 공격이 이뤄지기도 한다. 그러나 편전은 통아 없이는 發矢가 불가능하다.

이러한 통아를 이용한 편전의 독특한 사법과 특징은 다음의
사료를 통하여 보다 명확하게 이해할 수 있다.

(4) 우리나라 군중軍中에서 쓰는 전투도구 중에 편전片箭이란 화
살이 있는데 길이가 매우 짧아서 활을 잔뜩 당겨서 쏠 수 없게
되었다. 그러나 통아에 끼워서 쏘면 힘껏 당겨서 쏠 수 있는데,
튀어나가는 힘은 먼 거리에 미치고 뚫고 들어가는 힘도 매우 억
센바, 적들은 이 편전을 두려워하면서, "조선의 애기살童箭이다."
고 했다 한다. …(중략)… 『속통고續通考』에는, "궁수弓手는 장전
長箭만 쏠 줄 알고 변전邊箭(편전)을 쏠 줄 모른다. 긴 화살은 날
아가는 것이 느려서 적군이 쉽게 보는 까닭에 번뜩 피할 수도
있고 또는 떨어진 것은 주워서 되돌려 쏠 수도 있으니 이는 적에
게 이롭게 되지만, 편전은 나가는 힘이 빠르기 때문에 적군이 엿
보기가 어렵다. 하물며 편전은 나가는 거리를 긴 화살에 비교하
면 갑절도 더 되는 데에 있어서랴?"라고 하였다.[23]

위의 사료를 보면, 편전은 길이가 매우 짧아서 통아를 통해
발사하고 뚫고 들어가는 관통력이 우수한 활쏘기였음을 알 수
있다.

---

[23] 『星湖僿說』卷5,「萬物門」邊箭. "我國軍中戰具有片箭 甚短不能滿殼 用筒引滿
    勢猛 及遠穿過極深敵人畏 之謂朝鮮之童箭云. …(中略)… 續通考云 弓手止知射
    長箭而不知射邊箭 長箭去遲 敵人易見故彼得以閃避 且能拾取還射 其利在彼邊箭
    去疾 而敵人難窺況邊箭所到倍於長箭."

특히 긴 화살은 비행속도가 느려서 적군이 피하거나 떨어진 화살을 주워서 다시 쏠 수 있지만, 편전은 되돌려 쏠 수 없고 비행속도가 빨라서 적군이 피하기 어려웠음을 확인할 수 있다.

이처럼 길이가 아주 짧은 화살을 통아를 이용하여 발시發矢 하기에 전투시 가장 효과적으로 사용한 것이 편전이었다. 반면, 편전의 단점은 발시 중 부상의 위험이었다. 통아에 편전을 잘못 끼우거나, 통아의 규격(지름)과 편전의 크기가 어긋날 경우 부상 당할 가능성이 높았다. 다음의 사료를 통해서 이를 확인할 수 있다.

(5) 나는 집에 있으면서 편전片箭을 쏘고자 후원에서 활쏘기 연습 을 하였다. 잘못해서 화살이 왼손을 맞혔는데, 합곡合曲으로부터 장지長指를 관통하였다. 왼손을 장차 못쓰게 될 형편이니, 걱정 이 어떠하겠는가. 극심하다! 이것도 왜적으로 인해 입은 피해이 다. 진정 이 적들이 아니었다면, 어찌 활쏘기 연습을 할 이유가 있었겠는가.[24]

---

24 『孤臺日錄』卷1, 壬辰, 12月 25日 辛亥. "二十五日辛亥 余在家欲射片箭習射于 後園 誤中左手箭 自合曲穿于長指 左手將枯憂悶如何甚矣 倭賊之害也 苟非此賊 安有習射之理哉." : 근래에 활터에서도 편전의 오발로 인한 사고가 가끔씩 발 생한다. 만작을 한 후 통아 속을 따라 편전이 자연스럽게 흘러가 줌통을 완전 히 통과한 후 빠져나와야 사고가 나지 않는데, 발시 후 통아에 걸리거나 너무 헐거워 중간에 편전이 탈락되어 줌손에 화살이 박히는 것이다. 특히 반으로 쪼개어 편전의 양깃이 밖으로 나온 통아 부분이 줌통 바깥쪽에 위치해야 하는 데, 통아를 반대로 고정시키면 사고가 날 확률이 높아진다. 일반 長箭의 경우 도 '월촉'이라고 하여 화살의 상사지점 안쪽까지 화살을 끌어당겨 발시 때 화

위의 사료는 임진왜란시 의병장으로 활약했던 정경운鄭慶雲
이 남긴 일기체의 책인『고대일록孤臺日錄』에 등장하는 대목으로
편전 훈련시 통아에서 벗어난 화살이 줌손(활 줌통을 잡은 손)의 합
곡부분부터 가운데 손가락 부분까지 관통한 부상을 입은 기록
이다. 특히 상황이 급박하게 돌아가는 전투 상황에서는 편전을
쏠 때에는 더욱 부상의 위험이 컸다.

예를 들면, "(편전은) 정신없이 위급할 때에 명사수를 골라
서 쏘게 하더라도 급하게 활로 당기다가 자기 손바닥을 뚫는 것
이 열에 여덟아홉이다."[25]라는 내용이 상소문에 등장할 정도로 숙
련자들도 편전의 오발에 따른 부상이 자주 발생하였다.

이런 이유로 편전은 매일 활쏘기 훈련을 수련한 고도로 숙련
된 무관들이 주로 활용하였으며, 농민출신의 군사들은 다루기 어
려웠다.[26]

이러한 편전 오발로 인한 부상은 통아를 제대로 관리하지
않아 비틀어지거나,[27] 편전의 화살촉이 통아의 구경과 맞지 않
아 생기는 구조적인 문제와 앞에서 언급한 숙련도의 문제 등 두
가지 방식에서 주로 나타났다.[28]

살이 활 몸체를 때릴 경우 화살이 부러지며 줌손의 합곡 부분을 관통하는 사
고가 발생하기도 한다.

25 『承政院日記』600冊, 英祖 1年 9月 9日 癸卯條. "然而片箭之爲技 必得善射之手
然後方可中的 而矢力不及於百步之外 此所謂射不及遠 與無射同者也 重以著黃急
遽之際 雖擇善手而射之 激矢之穿掌 十常八九."

26 민승기, 『조선의 무기와 갑옷』, 가람기획, 2004, 63~66쪽.

27 『正祖實錄』卷20, 正祖 9年 7月 癸酉條.

28 『世祖實錄』卷25, 世祖 7年 8月 乙亥條.

이와 같은 한계를 극복하기 위하여 국왕이 직접 편전의 촉형태까지 관심을 갖거나[29] 편전을 통아에 넣어 쏘는 것이 아니라 노弩를 통해 발사하는 방식을 개발하는[30] 등 다양한 형태로 해결하고자 하였다. 특히 노를 통해 발사할 경우 편전 두 개를 동시에 발사하는 이점이 있었기에 적극적으로 활용하기도 하였다.[31]

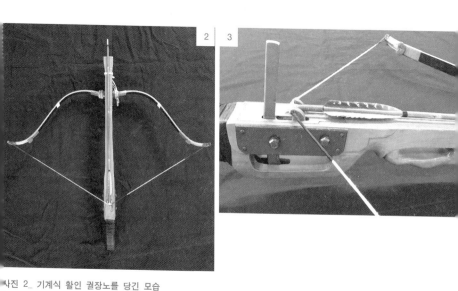

2 | 3

사진 2_ 기계식 활인 궐장노를 당긴 모습
적 기병을 효과적으로 공격하는 무기인 궐장노의 모습이다. 짧은 편전의 경우 두 개를 동시에 발시하였다.
사진 3_ 궐장노 방아쇠틀 세부 모습
장총처럼 밑의 방아쇠를 당기면 발시가 된다.

29 『成宗實錄』 卷266, 成宗 23年 6月 甲辰條.
30 『成宗實錄』 卷56, 成宗 6年 6月 丙戌條.
31 『成宗實錄』 卷56, 成宗 6年 6月 丙戌條. "片箭 一矢發百五十三步 二矢俱發 一矢百十步 一矢百三十步."

3. 편전의 군사적 위상과 기병의 전술적 활용

조선 초기부터 후기까지 편전은 조선군을 상징하는 대표 무기였다.[32] 대표적으로 조선의 무과시험이 완벽하게 정착되기 전에 만들어진 『경제육전經濟六典』에는 오직 편전片箭과 장전長箭만으로 무과 실기시험 합격자를 선발하기도 하였다.[33]

그리고 변방에 군사적 위협이 생기면 가장 먼저 편전을 적극적으로 훈련하고, 장비를 보급해야한다는 의견이 장수들을 중심으로 지속적으로 개진되었다.[34]

심지어 임진왜란과 병자호란과 같은 전란이 발생하여 정상적인 무과시험을 치르지 못할 경우에도 편전은 가장 중요한 실기시험 평가 요소였으며,[35] 조선후기까지 일상적인 무신武臣 시취에서도 가장 먼저 치러야할 시험 과목으로 인정받았다.[36]

이러한 이유로 적국에 그 사용법과 도구가 유출되지 않도록

---

32 『經世遺表』15卷, 「夏官修制」武科, "七 片箭 唯我邦有之."
33 『世宗實錄』卷48, 世宗 12年 6月 庚午條.
34 『文宗實錄』卷4, 文宗 卽位年 11月 甲辰條; 『成宗實錄』卷122, 成宗 11年 10月 甲子條; 『中宗實錄』卷30, 中宗 12年 11月 癸巳條; 『明宗實錄』卷18, 明宗 10年 4月 甲戌條.
35 『亂中雜錄』4卷, 4月. "夏四月 因朝議賜舟師勤苦人賞科 二十一日 開場試所慶尙道釜山巨濟全羅道鯨島古今島 鐵箭五矢三巡 片箭三矢三巡 鳥銃三柄二巡 三技中二技各一中 得參 合取一萬七千餘人 六月中放榜."; 임진왜란 중 정상적인 무과시험을 치를 수 없는 상황이 발생하자, 鐵箭·片箭·鳥銃 세 가지로 단순화시켜 무과 입격자를 뽑았다. 병자호란시에도 片箭·鳥銃·騎槍 세 과목만 시험보았다(『大東野乘』 「續雜錄」4, 仁祖 14年).
36 『承政院日記』75册, 仁祖 18年 9月 10日 戊子條. "金堉啓曰 今日武臣試才 何技先施乎 取稟 且下直 傳曰 知道 片箭先試."

금비책禁祕策으로 묶고, 국왕이 직접 수시로 챙길 정도로 중요한 병기로 인식되었다. 다음의 사료를 통해 조선시대 편전의 군사적 위상을 확인할 수 있을 것이다.

(6) 하나, 군기軍器를 정비整備하는 일. 신臣이 연경燕京에 이르니, 한 사람이 이르기를, '귀국貴國에서 야인野人들을 많이 죽인 것은 진실로 통쾌한 일인데, 귀국에서는 편전片箭의 이로움이 있으니, 야인들이 어찌 감히 귀국과 대적對敵하겠는가?'고 하였고, 한 사람은 이르기를 '소전小箭은 중국에서도 또한 비로소 사용한다.'고 하였는데, 이와 같이 말하는 자가 한둘이 아니었습니다. 편전은 한결같은 우리나라의 장기長技이니, 온 마음을 다해 강습講習해야 하옵니다. 빌건대 남도南道의 삼포三浦와 북방 연변沿邊의 주진州鎭 이외에는 片箭을 쏘는 것을 더욱더 연습하여 군진軍鎭을 이롭게 하소서.[37]

위의 사료는 동지중추원사同知中樞院事 양성지梁誠之가 관방關防에 대한 전반적인 일을 정책적으로 풀어가기 위해 제출한 상소문의 일부이다. 당시 양성지는 관방에 관한 정책결정에 중요한 역할을 하였는데, 조선의 군기軍器 중 가장 중요한 무기가 편전

---

[37] 『訥齋集』卷之三, 「奏議」軍政十策. "一 整軍器 臣到燕京 一人云 貴國多殺野人 誠爲快事 貴國有片箭之利 野人何敢與貴國敵乎 一人云 小箭中國亦用之 如此言者非一 片箭固本國之長技 不可不用意講習也 乞南道三浦 北方沿邊州鎭外 片箭之射 益加肄習 以利軍陣."

임을 확실하게 밝히고 있다.

특히 북방의 야인과 왜구와의 전투에서 가장 효용성이 높은 무기였기에 '남도南道의 삼포三浦'와 북방 '연변沿邊의 주진州鎭' 등 적진과 밀접하게 맞붙은 곳을 제외하고는 편전 쏘는 연습을 더욱 많이 하여야 한다고 주장하고 있다.[38]

사진 4_
「무예도보통지」 속 기병의 기본 무장형태로 환도와 동개일습을 패용한 모습

---

[38] 남도의 삼포지역은 일본과의 무역을 하는 곳이라 왜구에게 유출될 가능성이 높았고, 북방 연변의 주진에는 야인들이 자주 왕래하기에 편전 쏘는 비법이 해외로 빠져나갈 가능성을 미리 차단하기 위함이다.

이렇듯 조선에서는 편전 쏘는 비법이 해외로 유출되는 방지하기 위하여 국경 근처에서 근무하는 장수들이 훈련을 중지하거나 비밀스럽게 해야 한다는 관련 상소문들을 비롯하여 국왕이 조정에서 해당 사항을 함께 논의할 정도로 매우 중요하게 인식하였다.[39]

다음의 사료를 통해 이를 확인할 수 있다.

(7) 신 등이 중국 사신이 청하는 활과 살을 보니 모두 극히 정밀하게 제조된 것입니다. …(중략)… 더구나 편전片箭은 다른 나라에 없는 것이니, 다른 나라 사람들이 알게 하여서는 안 되겠습니다. 중국 사람들이 외이外夷들과 말할 때에는 숨기는 것이 없으니, 만일 서북방의 야인野人들이 그 기술을 알게 된다면, 이는 우리나라의 특별한 기술이 모르는 사이에 저들 적에게 알려질 것입니다. 지금 정교하게 만든 활·살을 주었는데 또 편전을 준다면, 반드시 쏘는 방법을 알게 될 것입니다. 다행히 지금 중국에 일이 없고, 우리나라에서도 역시 지성으로 섬기니 원래 의심할 것은 없는 일이지만, 만일 수隋·당唐·홍군紅軍·거란契丹의 일로 본다면, 중국도 역시 일이 없을 것을 보장하지는 못할 것입니다. 어찌 나라의 편리한 기구를 도리어 다른 나라로 알게 할 것이

---

39 『世宗實錄』 卷51, 世宗 13年 3月 丙子條.;『世宗實錄』 卷69, 世宗 17年 8月 庚戌條.;『世宗實錄』 卷76, 世宗 19年 3月 丙申條.;『世宗實錄』 卷69, 世宗 17年 8月 庚戌條.;『世宗實錄』 卷76, 世宗 19年 3月 己酉條.;『光海君日記』 卷49, 光海君 11年 4月 甲子條.

겠습니까?[40]

위의 사료를 보면, 중국에서 온 사신들이 조선의 활과 화살을 진상품으로 요구하는 과정에서 활과 일반 장전長箭은 그냥 줘도 되지만, 편전은 북방의 야인들에게 유출될 가능성이 있어 조심해야 한다는 내용을 담고 있다.

심지어 조선 초기 군사적 활용 부분에서는, "편전片箭은 비록 약한 활이라도 가히 3백 보를 갈 수 있으되, 세화포는 2백 보도 가지 못하니, 무슨 이익됨이 있는가. 마땅히 깨뜨려 버려야 한다."[41]라는 말이 군기감軍器監에서 제기될 정도로 화약무기와 견주어도 편전의 군사적 위상은 높았다.

이렇듯 편전을 쏘는 것은 조선군의 확실한 군사적 우세점이라는 보편적인 인식상태가 유지되었다. 그래서 만약 편전으로 조선군이 공격당하는 상황이 발생하면 조선군 중 편전 쏘기를 익힌 누군가가 항복하여 적군으로 활동하고 있다는 의심으로 발전하기도 하였다.[42]

또한 북방 야인과 왜구들은 편전片箭이 날아오면 무조건 도망갈 정도로 무서워했으며,[43] 조선군이 편전을 쏜다는 이유 하

---

40 『燕山君日記』 卷49, 燕山君 9年 4月 丙辰條.
41 『世宗實錄』 卷107권, 世宗 27年 3月 癸卯條.
42 『宣祖實錄』 卷35권, 宣祖 26年 2月 己酉條.; 이러한 내용은 임진왜란 당시 조선의 큰 승리였던 권율의 행주산성 대첩을 보고하는 자리에서 등장하는 내용이다. 당시 내용을 보면, "片箭에 맞은 자가 많았으니 적군 중에 필시 우리나라 사람이 투입되어 전쟁을 돕는 것 같았습니다."라는 평가가 등장할 정도였다.

나만으로도 극한 원한을 품기까지 하였다.[44]

특히 보사步射를 담당하는 군사들뿐만 아니라, 말을 타고 달리며 활을 쏘는 기병들도 편전을 필수착용 무기로 활용되었다. 다음의 <표 1>을 통해 조선후기 기병들의 기본무장 상태를 확인할 수 있다.

표 1_ 조선후기 핵심 군영의 기본 무장상태

내용　　　軍營	訓鍊都監	內三廳	壯勇營(外內營)
騎兵軍器	馬兵官(騎兵)에게 주는 군용 물품에는 甲冑·環刀·筒兒·鞭棍(無年限)·校子弓·候弓(八年限)·長箭·片箭 각 15개(無年限), 油衫(七年限)이 있다.[45]	관에서 급여한 군용 장비품은 禁軍 每名에 대하여 戰笠 1점·筒箇 1점·長箭 20본·片箭 15본·環刀 1점·馬鞭 1점·桶刀 1점·要鉤金 1점·校子弓 1점·甲冑 1점·鞭棍이 1점인데 훼손되는 대로 매철 달에 교환해 준다.[46]	內營─馬軍官에게 지급하는 軍物은 短鳥銃과 環刀와 火藥(7兩 5爻)과 鉛丸 (30箇)과 長箭(15箇), 片箭(15箇)와 筒兒 그리고 鞭棍과 油衫이다.[47] 外營─親軍衛는 筒箇·弓箭·環刀·鞭棍을 內禁衛의 사례에 따라 官廳에서 나누어 준다.[48]

43　『中宗實錄』卷31, 中宗 12年 12月 乙卯條.;『明宗實錄』卷18, 中宗 10年 5月 癸亥條.

44　『竹窓閑話』.

45　『訓局總要』「雜式」, "馬兵官授軍物 甲冑 環刀 筒兒 鞭棍(無年限) 校子弓 候弓(八年限) 長箭片箭 各十五箇(無年限) 油衫(七年限)". 대부분의 물품들은 무기와 관련이 있으며 이 중 油衫은 비나 눈을 막기 위하여 甲冑 위에 껴입는 기름에 결은 옷을 말한다.

46　『萬機要覽』「軍政篇」, 龍虎營 內三廳戎器點考. 龍虎營의 경우는 기병이 중심이 된 禁軍으로 국왕 친위군적 성격이 강하다.

47　『壯勇營大節目』卷1, 「軍器」, "一 馬軍官授軍物段 短鳥銃 環刀 火藥(七兩 五爻) 鉛丸(三十箇) 長箭(十五箇) 片箭(十五箇) 筒兒 鞭棍 油衫." 또한 壯勇營의 馬軍官 뿐만 아니라 壯勇衛의 軍器목록에도 鞭棍은 기본무기로 지급받게 되었다. 壯勇衛의 軍物을 보면, 甲冑, 交子弓, 長箭(十五箇), 片箭(十五箇), 筒兒, 短鳥銃, 火藥(七兩 五爻), 鉛丸(三十箇), 鞭棍, 朱絡, 油衫, 貝纓 등이나.

48　『壯勇營大節目』卷3, 「親軍衛」, "一 筒箇弓箭環刀鞭棍 依內禁衛例 自官分授 爲白乎矣."

위의 표를 살펴보면, 조선후기 핵심군영인 훈련도감訓鍊都監과 내삼청內三廳 및 장용영壯勇營에 모두 편전과 통아가 기본적으로 지급되었음을 알 수 있다. 그런데 기병의 무장상태를 보면 편전과 함께 더 많은 숫자의 장전長箭를 함께 가지고 다녔음을 알 수 있다.

이는 전술적으로 기병이 진을 구축하고 움직이지 않고 제자리에서 적을 향해 편전을 발시發矢하고, 말을 달리는 상황에서는 장전長箭을 사용했을 가능성이 높다.

앞서 살펴본 것처럼, 숙련자들일지라도 편전으로 인한 발시사고가 빈번하게 발생할 정도로 정밀한 사용법이 필요하고, 더욱이 편전은 원거리를 향해 정확한 조준사격을 하는 것이 기본 전술원칙이므로 기병이 근접거리까지 말을 타고 달려가서 편전을 장전하여 발시하는 것보다는 일반적인 장전長箭을 빠르게 쏘는 것이 전술적으로 이점이기 때문이다.[49]

다음의 〈그림 4〉를 통해 조선후기 기병의 기본 무장상태를 확인 할 수 있다. 그림을 보면, 조선후기 기병이 활용하는 마상편곤ㆍ장전과 편전ㆍ편전용 통아ㆍ기병용 환도ㆍ궁대와 동개궁 등의 기본무기의 상황을 알 수 있다. 이러한 무장상태를 기준으로 당시 기병의 전술전개에 따른 편전의 활용 형태를 유추할 수 있다.

---

49 騎射나 騎芻의 경우 무과시험에서도 좌우 표적의 거리를 20~30步 이내로 두고 시험을 보는데, 이는 말을 타고 충분하게 적에게 근접한 후 표적을 정확하게 공격하기 위함이다. 따라서 기병이 편전을 구비한 이유는 100보 이상의 원거리에서 하마한 상태나 상마 후 돌격 전에 적을 공격하는 방식으로 판단된다.

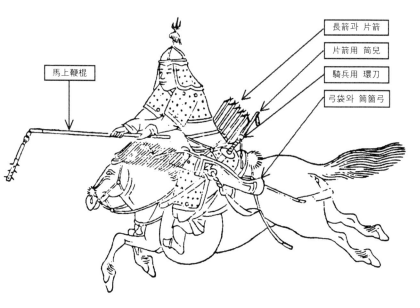

馬上鞭棍

長箭과 片箭
片箭用 筒兒
騎兵用 環刀
弓袋와 筒箇弓

그림 4_ 조선후기 병서인 『무예도보통지』에 실린 기병의 무장 상태[50]

다음의 사료는 조선후기 금군禁軍 중 기병으로 구성된 용호
영龍虎營의 전술전개 방식으로 적의 접근거리에 따른 하마下馬와
상마上馬 전술방식을 살펴 볼 수 있다.

(8) 용호영龍虎營은 전쟁을 할 때 적이 100보 밖에 있으면 각 병
사들이 상마上馬한다. 그리고 신호포 소리가 나면 일一, 이우기二

50　『武藝圖譜通志』馬上鞭棍 中 飛電繞斗勢圖의 그림으로 正祖代 당시 기병의 필
수무기를 잘 보여 주고 있다. 먼저 弓矢類로는 기병용 동개궁과 長箭 및 片箭
(통아포함)이 보이고, 근접 전투용 環刀와 馬上鞭棍을 기본적으로 착용했음을
확인할 수 있다.

羽旗를 세우고, 점고點鼓 점기點旗하면 후층後層이 나와 전층前層 앞에 일자로 벌여 선다. 적이 100보 안에 이르면 명령에 따라 궁시弓矢를 한꺼번에 발사하고, 적이 50보에 이르면 북을 빠르게 치며 천아성天鵝聲을 분다. 이때 (기병騎兵은) 편곤鞭棍을 뽑아 들고 소리를 지르며 적을 추격한다.[51]

위의 사료를 보면, 용호영 기병은 하마下馬한 상태로 진형陣形을 구축하고 있다가, 적이 100보 밖에 도달하면 상마上馬하고, 또 100보 안에 이르면 궁시를 한꺼번에 발사하고, 이후 적이 50보 이내로 들어오면 마상편곤을 뽑아 돌격하는 전술을 펼쳤음을 알 수 있다.

그림 5_ 동개일습 및 환도 세부 패용 모습

---

51 『兵學通』「場操」間花疊退, "龍虎營 作戰 賊在百步之外 各兵上馬 放砲立一二羽旗 點鼓點旗 後層出前層之前一字擺列 賊到百步之內 聽令弓矢齊發 賊到五十步 搖鼓吹天鵝聲 拔鞭棍吶喊追擊."

따라서 용호영 기병이 편전을 발시 할 전술적 시간은 적과의 거리가 원거리 혹은 100~50보 사이 중 진형 안에서 말의 움직임 없이 제자리에서 발시했을 가능성이 높다.

이러한 전술적 이유로 인해 조선초기에는 기병에게 지급했던 편전을 없애고 오직 장전長箭만을 구비하고, 보병 중 창검槍劍과 같은 다른 무기와 함께 궁전弓箭을 사용하는 방식으로 전술 전개방식이 고려되기도 하였다. [52]

좀 더 추가하자면, 편전은 빨리 쏘는 것보다는 정확하게 먼 거리에서 적을 공격하는 것이 핵심이다. 이런 이유로 무과시험에서 편전은 목전이나 철전과 다르게 과녁의 적중여부에 따라 점수를 줬다. 움직이며 활을 쏘는 기사騎射는 근거리에서 정확

---

[52] 『世宗實錄』 卷125, 世宗 31年 8月 乙丑條.; 현재 기병이 말을 타고 달리며 편전을 쏜다는 의견도 존재한다. 이는 사료 번역의 오류로 인해 발생한 것으로 판단되며 현재까지 확인된 사료에서 기병이 구체적으로 말을 달리며 편전을 쏘았다는 기록은 발견되지 않고 있다. 기병의 편전 발시와 관련한 기존 번역의 오류 부분을 살펴보면 다음과 같다. 『仁祖實錄』 卷16, 仁祖 5年 6月 己酉條. "如片箭 芻人騎射立射 最似着實於戰用 時時命試亦當."의 문장에 대한 기존 번역은 "片箭으로 芻人을 騎射하고 立射하게 하는 것이 전투의 실용에 가장 착실할 듯하니 때때로 시험하도록 하는 것이 마땅합니다."라고 하였다. 이렇게 번역하면 '편전을 말을 달리며 쏘는 훈련'으로 이해하는 오역이 일어난다. 이는 한문 번역의 오류로 "편전과 함께 騎射와 立射는 芻人을 쏘게 하는 것이 전투의 실용에 가장 적절할 듯하니 때때로 시험하도록 하는 것이 마땅합니다."라고 번역해야 편전 및 기사/입사의 표적만 실용성의 문제로 추인으로 대체하는 방식으로 이해해야 할 것이다. 임란이후 활쏘기 훈련에서 실용성의 이유로 단순한 원형 표적에서 사람모양의 芻人으로 표적이 변화했다. 조선후기 각종 都試를 비롯한 試取에서도 步兵과목에는 유엽전과 편전, 騎兵 과목에는 騎芻와 鞭芻로 구분하는 경우가 많았다(『備邊司謄錄』 129册, 英祖 31年 12月, "水原別驍士 節目成册, 一, 試取規矩段 六兩三矢 百步柳葉箭·片箭各一巡 騎芻鞭芻各一次.").

하게 쏘는 대우전大羽箭 방식이 보편적이었다.

따라서 용호영 기병의 경우 보사步射방식으로 편전을 발시發 矢하고, 이후 근접교전시 마상편곤을 활용한 것으로 추측된다.

4. 편전의 해외 기술유출 문제와 문화사적 가치

이처럼 통아에 넣어서 짧은 애기살 형태를 쏘는 편전은 우수한 관통력과 원거리 조준사격으로 조선군을 대표하는 무기로 인식되었다.

그러나 편전에 대한 전술적 우위를 확보하기 위하여 금비책 禁祕策을 비롯한 다양한 방책이 있었음에도 불구하고 북방 야인이나 왜인들에게 기술 유출이 빈번하게 발생하기도 하였다. 다음의 사료를 통해 이를 확인할 수 있다.

> (9) 의정부가 예조의 첩정牒呈에 의거하여 아뢰기를, "한 왜객倭 客이 싸리나무로 활을 만들고, 소나무로 통아桶兒를 만들고, 큰 바늘로 화살촉을 만들고, 대나무를 2촌十쯤 깎아서 편전片箭을 만들어 장난삼아 쏘기에, 관인이 그 배운 곳을 힐난하여 물으니, 대답하기를 '전에 부산포에 왔을 때 그 포구의 군인에게서 배웠다.'고 하였답니다. 이것으로 본다면 차츰 전습傳習할 염려가 있사오니, 금후로는 각 포의 군인으로 하여금 객인과 함께 있는 곳에서는 편전을 쏘는 것을 익히지 말게 하소서."하니, 그대로 따랐다.[53]

위의 사료를 보면, 왜인 중 한사람이 부산포에서 조선군에게 편전 쏘는 법을 배워 직접 통아와 편전을 만들어 사용할 정도로 기술이 왜인에게 유출되었음을 알 수 있다. 이러한 이유로 부산포 주변을 비롯한 삼포와 북방의 국경지방에 지속적으로 편전 훈련을 금지할 것을 군사 정책적으로 추진하였으나 그 한계는 여전하였다.

특히 조선군의 비밀스러운 편전기법이 조선군을 상징하는 의미까지 부각되자, 청나라에 연행사燕行使의 일원으로 함께 간 조선 호위 군사들에게 청나라 황제가 직접 편전 쏘기를 요청하는 상황까지 벌어지기도 하였다. 다음의 사료를 통해 이를 확인할 수 있다.

(10) 담 밑에 이르러 세 비장과 만나서 활 쏠 때의 일을 물어보았더니, 다음과 같이 말했다. "먼저 들어갔던 시종이 다시 나와 통역관들을 시켜 우리들을 인도하여 문밖에 세우고 황제의 뜻을 받들어 묻기를, '그대들은 편전片箭을 쏠 수 있는가?' 하기에, 대답하기를, '편전은 사람마다 쏠 수 있는 것이 아니며 또 화살이 부적합하기 때문에 더욱 쏘기 어렵습니다.' 하였습니다.
시종이 다시 들어갔다가 한참 뒤에 되돌아 나와 우리들을 이끌고 문을 들어갔습니다. 시종이 선도하고 통관이 뒤따랐는데, 빨리

---

53   『世宗實錄』 卷76, 世宗 19年 3月 丙申條.

02 조선시대 애기살·편전의 활쏘기 특성과 위상 | 83

허리를 굽히고 달려 나가 30보쯤 가니, 네 환관이 각기 화살을 쥐고서 있다가 맞이하면서 말하기를, '이것이 바로 그대 나라 화살인데, 사신이 들어왔을 때 조공으로 바친 것이오.'라고 하므로, 활을 보니 장궁長弓인데, 우리나라에서 만든 것은 아니었고 통아와 화살(편전)은 우리나라에서 만든 것인데, 쏜 흔적이 나타나 있었습니다.

여러 호인이 잇달아 들어오기를 재촉하여, 우리들은 각기 그 활을 잡고 화살은 아직도 호인들의 손에 쥐인 채 급히 굽히고 70여 보쯤 나아가서, 황제가 앉은 곳 앞에 닿았습니다. 통역관이 우리들을 이끌어 남쪽을 향하여 꿇어앉게 하였는데, 황제의 자리에서 겨우 6, 7보쯤밖에 안 되었습니다. 무릎이 땅에 닿자마자, 통역관이 서둘러 노비장盧裨將에게 서북쪽을 향하여 서게 하고 편전을 주고 쏘게 하였습니다. 노 비장이 '어디로 쏠까?' 물으니, 통역관이 말하기를, '다만 공중을 향해서 멀리 쏘라.'고 말했습니다.[54]

(11) 어제 시사차試射次 갔던 세 동료가 돌아와서 말하기를, "황

---

[54] 『燕行日記』4卷, 癸巳年 1月 25日. "到墻底 與三神相見 問射時事 言蝦之先入者 復出 使通官引俺等立門外 以皇旨問曰 汝等能射片箭乎 答曰 片箭非人人所可射 且弓矢不適 尤難射也 蝦還入 良久復出 引俺等入門 蝦先導 通官次之 疾趨至三十步許 四宦者各持弓矢而迎 謂曰 此乃你國弓矢 勅行時齎來者云 見其弓制如長弓 而非我國所造 筒兒與箭 是我國所造 而現有射痕 羣胡絡繹催進 俺等各操其弓 而箭則尙在胡手 疾趨可七十餘步 抵皇帝坐處 通官挽俺等 向南而跪 距帝座僅七八步 膝纔到地 通官旋 盧神向西北立 授片箭使射 盧問向何而射 通官曰 但向空遠射 盧旣發矢."

제가 창춘원 서쪽 담 밖 평상에 앉아서, 10보 안에 불러 놓고 편전片箭을 쏘도록 하였다. 류 동료는 다만 1발만 쏘았고, 김 동료는 활을 잘 쏘았으므로 연달아 6발을 쏘았으며, 노 동료는 3발을 쏘았다. 또 과녁을 쏘도록 했으나 모두 맞히지 못하여 물러났고, 황제도 친히 과녁을 쏘았다. 시위하는 신하 수백 명은 모두 근시近侍하는 무인들로서 바로 청인이었는데, 또한 과녁을 쏘아 맞히는 자가 많았다. 우리들 세 사람에게 구경하게 하고서 그 시위侍衛로 하여금 와서 과시하게 함이 아주 지극했다." 한다. 이것은 바로 편전 쏘는 법을 배운 것이다. 그리고 과녁을 맞히는 능력을 스스로 자랑은 했으나 궁시弓矢 · 통아筒兒는 우리나라에서 만든 것을 칙사勅使가 나왔을 때 가져간 것이었고, 또 활쏘기를 연습한 흔적도 있었다 한다. 생각건대, 이 나라에서 두려워하는 것은 편전이며 배우지 못한 것도 편전이었다. 전에 없던 이런 행동을 하는 것은 반드시 편전 쏘는 법을 보고 배우려는 것이었다. 그렇건만 마침내 그들의 뜻을 알지 못하고 각자 그 법을 죄다 알려 주고 돌아왔으니 진실로 개탄스러운 일이다.[55]

---

55 『燕行日記』4卷, 癸巳年 1月 26日. "昨日試射次去三僚罰 皇帝出至暢春園西墻外 露坐床上 招致十步之內 令射片箭 柳僚只發一箭 金僚以善射連發六箭 盧僚三箭 而且令射的 皆不中而退 皇帝親射的 侍衛之臣數百 皆是王諸近侍之武 而乃淸人也 亦射的多中 令我三人觀光 使其蝦來誇備至云 此乃學射片箭之法 而自誇其中的之能 而弓矢桶兒 乃我國之制作 勅行時所持來者 而亦有習射之痕云矣 第念此地所畏者片箭 所未學得者片箭 而作此無前之擧者 必是看效射法 而竟未曉其意 各盡其法而歸 誠可慨然也."

위의 사료 중 (10)의 기록을 보면, 연행사의 호위군사로 함께 간 군사들에게 청나라 통역관이 편전 쏘기를 요청하였으나, 처음에는 몇 가지 이유를 들어 쏘지 않고 버티다가 청 황제 앞에서는 어쩔 수 없이 편전을 발시했던 모습을 확인할 수 있다.

이후 그 다음날의 기록인 (11)의 기록을 보면, 그날(25일) 조선 군사들의 편전 쏘는 모습을 청 군사들이 바로 보고 배워서 편전의 기술이 유출되었음을 깨닫고 개탄스러웠던 소회를 밝히고 있다.

아마도 당시까지만 해도 편전과 통아를 조선에서 칙사들이 공물로 가져는 갔지만, 청나라 군사들이 그 무기를 정확하게 어떻게 사용하는지를 알 수 없었던 것으로 보인다. 그러나 그날 청 황제 앞에서 시험 발사한 광경을 청나라 군사들과 함께 지켜본 후 청나라에 조선의 비밀스런 편전기법이 유출된 것으로 판단된다.

이처럼 조선의 편전 쏘기는 당대 최고의 군사강국이었던 청나라의 황제가 기술을 탐낼 정도로 군사적으로 우수한 조선의 장기長技였다. 불과 30cm 정도로 아주 짧은 크기의 화살이지만, 적의 철갑까지 관통시킬 정도로 강력하고 일반 장전長箭에 비해 두 배 이상의 살상거리를 갖는 무기를 자유롭게 다루는 조선군의 편전 기법은 그 자체로 여러 전투현장에서 탁월함을 인정받기에 충분하였다.

그래서 "임진왜란 때 동양 삼국의 정예가 일시에 모여들었으니, 중국은 장창長槍, 우리나라는 편전片箭, 왜국은 조총鳥銃이

사진 5-6_ 통아에 짧은 편전을 넣어 만작하는 필자의 모습이다. 발시 후에는 손목에 통아만 남는다.
(사진 제공_아래 : 서울신문)

이를 기점으로 천하에 유명해지기 시작하였다.[56]"라는 평가가 동양 삼국에 보편적으로 인정되었던 것이다.

〈사진 5~6〉은 필자가 편전 쏘기를 복원한 자세로 통아에 편전을 넣어 시위에 올려 만작하고 있는 모습이다.

이와 같이 편전의 독특한 발시 방식과 특성으로 인해 조선 말기 처음으로 서양에 조선군의 군사문화를 체계화시켜 논문으로 알린 미국인 선교사 John Leslie Boots의 글에서도 가장 독특하고 우수한 병기임을 적시하고 있다. 다음의 사료는 그 중 편전의 특성에 대한 부분이다.

(12) 그럼에도 불구하고, 활은 일반적으로 모든 무기들 중에서 가장 신뢰할 만한 것으로 여겨졌고 편전片箭의 화살은 그 어떤 무기보다도 빠르고 직선으로 날아간다. 1592년 도요토미 히데요시豊臣秀吉이 조선을 침략했을 때 조선군이 가장 선호했던 무기인 편전은, 일본의 장궁長弓이 겨우 350야드를 날아가는데 반하여 무려 500야드를 날아간다고 한다(일반적인 미국의 양궁洋弓 과녁 거리는 40~100야드이며 일본은 30야드, 한국은 173야드이다).

활채의 길이가 짧은 것을 감안해 볼 때, 조선 국궁의 위력은 세계 제일임을 알 수 있다. 나는 활의 사거리에 관한 이야기를 일본의 권위 있는 학자의 글에서 인용하였으며, 조선의 무기가

---

56   『武藝圖譜通志』「棍棒」, "壬辰之難　三國精銳盡萃一時　中國之長槍　我國之片箭　倭之鳥銃　始有名于天下."

이 나라의 적국敵國들의 무기 보다 우월했던 아주 드문 사례의
하나로 언급하고자 한다.[57]

이처럼 편전 기법은 무예 문화사적으로 한국의 전통 몸 문
화를 가장 잘 반영하고 있는 특수 활쏘기로 볼 수 있을 것이다.
화약무기가 보편적인 개인 무기로 정착되기 이전에 중국이나

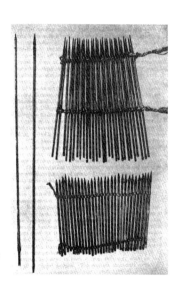

**사진 7_ John Leslie Boots의 논문에 실린
장전과 편전의 모습**
생선을 말리듯이 화살을 연결하여 묶어 놓은 것이 인상
적이다.

---

[57] John Leslie Boots, "Korean Weapons and Armor", *Transactions of the Korean Branch of the Royal Asiatic Society*, vol 23 part 2, 1934. "Nevertheless the bow was generally accepted as the most reliables of all weapons and the arrow of this 편전 was the swiftest and straightest of all. The arrow from this bow which was the favorite Korean weapon of the time of the Japanese invasion of Hideyoshi in 1592 A. D. is said to have carried 500 yards* while the arrow from the Japanese long bow carried only 350 yards(*The regular American target distances are from 40 to 100 yds.; Japanese, 30 yds.; Korean, 173 yds). I quote this from a Japanese authority and mention it especially as one of the few things in which the Korean arm was superior to the arm of his adversary."

일본을 비롯하여 전세계 모든 국가들의 군사들은 활과 화살을 필수적인 원사무기로 활용하였다. 그러나 조총을 비롯한 개인 화기의 등장과 함께 활과 화살은 전장에서 서서히 위력을 상실해 갔다.[58]

그런데 조선군에게 편전은 화약무기인 조총이 전장에 보편적으로 활용되던 16C이후에도 여전히 조총을 능가하는 뛰어난 무기로 인정받았다.

특히 비가 오거나 바람이 강하게 부는 날의 경우, 화약무기의 성능이 급격하게 저하되는 상황에서도 편전의 안정적인 전투 활용은 편전이 조선군의 강력한 무기체제로 인정받은 독특한 이유이기도 했다.[59]

이러한 이유로 고종대高宗代까지 편전과 관련한 장비는 장수들에게 일상적으로 내려주는 선물 물목에 자주 들어갔고,[60] 조선군의 군기점고에 필수 확인사항이었다. 이처럼 편전 기법은

---

58 『宣祖實錄』卷68, 宣祖 28年 10月 丁未條.; 조선에서도 임란을 거치면서 일본군의 조총의 위력에 놀라 '활보다 조총이 더 효용적이다' 라는 의견이 등장하기도 했다. 하지만 이후 편전과 조총을 함께 활용하는 방식으로 안착되었다.

59 16~18C의 조총의 경우 비가 오거나 바람이 강하게 부는 경우 점화장치에 문제가 자주 발생하여 전투현장에서 한계로 노출되었다. 대표적으로 조선군이 후금기병과 맞붙은 사르후 전투에서 돌개바람으로 인해 조선군 조총대가 후금군 돌격기병을 제대로 방어하지 못한 사례가 대표적이다(『皇淸開國方略』卷6, 「太祖于大屯之野」, "時明海蓋道康應乾步兵 合朝鮮兵 營于富察之野 其兵執狼筅長槍 被藤甲皮甲 朝鮮兵被紙甲 其冑以柳條爲之 火器層疊列待 …(中略)… 明兵及朝鮮兵 競發火器 忽大風驟作 走石揚沙 煙塵反搏 敵營昏冥晝晦 我軍乘之 飛矢雨發 又大破之 其兵二萬人殲.").

60 『承政院日記』2673冊, 高宗 1年 2月 3日 甲戌條.; 『承政院日記』2900冊, 高宗 19年 5月 8日 癸巳條.

갑오경장으로 인한 전통적인 무과시험의 폐지 전까지 조선군을 상징하고 대표하는 최고의 무예이자, 신체 훈련법으로 볼 수 있을 것이다.

마지막으로 정리해보자면, 활과 화살은 전통시대 가장 뛰어난 군사무기이자 심신단련의 도구였다. 조선시대에 무과시험 중 보사步射과목에서 정확도를 평가하는 활쏘기 시험 중 편전은 가장 난이도 높은 시험으로 조선 말기까지 핵심과목으로 인정받았다. 철전鐵箭이나 목전木箭이 화살의 비행거리에 따라 추가 점수를 준 것에 반해, 편전은 정확하게 표적에 맞아야만 점수를 인정했기에 조선시대 편전훈련은 무엇보다도 정확한 표적 타격 능력을 최우선으로 삼은 것이다.

앞서 살펴본 것처럼 편전은 아주 짧은 화살임에도 불구하고 통아에 넣어 일반 활로 발사가 가능한 독특한 발시 특성을 갖고 있다. 이런 특성으로 인해 적에게 화살이 날아가도 눈에 보이지 않아 피할 수 없었으며, 날아온 편전을 다시 되돌려 쏠 수 없다는 특징이 있었다. 특히 일반 화살에 비해 길이가 짧은 편전은 비행속도가 빠른 이유로 철갑까지도 관통할 수 있는 강력한 파괴력이 핵심 요소였다.

그러나 숙련자라고 할지라도 급박한 전투상황에서 편전을 운용하다가 많은 군사들이 오발사고로 부상을 입는 경우가 많았고, 개인 훈련 중에도 사고가 발생하기도 하였다.

편전으로 인한 사고는 주로 활을 잡은 손(줌손)의 엄지와 검지사이로 편전이 관통하는 사고가 주로 발생했는데, 현재 편전

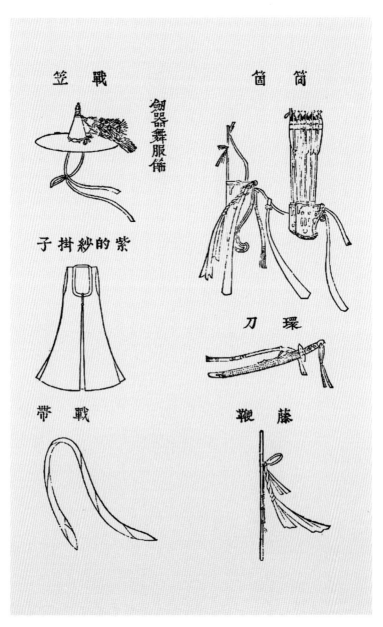

그림 6_ 『진연의궤』에 등장하는 동개 및 환도의 모습이다.

을 복원하여 발시하는 곳에서도 이런 사고가 종종 발생하기도 한다.

이렇듯 편전이 조선군이 운용하는 특수 무기로 인정받았기에 북방과 남방의 국경지방에서는 편전의 기술유출을 이유로 훈련을 금지하는 등의 금비책禁祕策이 적용되었다. 대표적으로 북방 야인들과 접하는 연변의 주진들과 왜인들과 접촉이 잦은 남도의 삼포와 부산포 등에서는 편전의 금비책이 엄격하게 시행되었다.

그러함에도 불구하고 부산포에 거주하던 일본인이 편전을 장난감처럼 작게 만들어 사용하다가 발각되는 일이 보고될 정도로 편전의 기술유출은 막기 어려웠다. 이런 이유로 임진왜란 시 조선군을 공격하던 무기 중 편전이 사용되었을 때, 일본군에 조선군이 항복하여 편전을 쏜다는 의심이 공공연히 제기되기도 하였다.

또한 편전의 군사적 위력으로 인해, 청나라의 경우 청 황제가 직접 연행사의 호위군관으로 함께 간 조선 군사들에게 황제 앞에서 편전 쏘기를 요구하여 그 기술이 청나라 군사들에게 어쩔 수 없이 유출되는 상황까지 발생하기도 하였다.

거시적으로 보면, 조선후기 조총을 비롯한 개인화약무기가 보급되었음에도 여전히 각궁을 이용한 활쏘기는 여전히 조선군의 핵심 전술로 활용되었다. 이는 화약무기가 악천후로 화약이 젖거나 연발사격의 한계로 인해 활은 조선말기까지 주력무기로 인정받은 것이다.

이처럼 편전은 조선을 대표하는 비밀무기이자, 적국이 탐내는 조선의 특수한 군사기술이었다. 그리고 조선말기까지 조선군의 핵심 전술무기였다. 문화사적으로 볼 때, 편전은 중국이나 일본과 다른 한국인의 몸 문화를 가장 잘 담고 있는 전통 활쏘기로 볼 수 있을 것이다.

2020년 7월에 활쏘기가 국가무형문화재 제142호로 지정될 정도로 전통 활쏘기에 대한 관심이 증폭되고 있다. 가장 한국적이면서도 전통적인 활쏘기 몸짓을 담고 있는 편전에 대한 연구를 통해 대중적인 활터에서 좀 더 다양한 사풍射風이 퍼져 나갔으면 하는 바람이 있다.

다시 한번 강조하지만, 문화사적으로 가장 한국적이면서도 가장 세계적인 우리 전통의 몸짓이 편전에 고스란히 담겨 있다고 해도 과언이 아닐 것이다. 세계 유일의 분단국가이자, 다른 나라에 비해 국토도 좁고 인구수도 많지 않지만, 세계 10위의 경제 강국이며, 세계 6위의 군사 강국인 한국인의 저력이 전통적인 편전과 무척이나 닮아 있다.

조선시대 무과시험용
육량전 · 철전鐵箭 사법의 특성과 그 실제

1. 조선 무과시험의 꽃 철전

활쏘기는 고대부터 현대에 이르기까지 그 명맥을 이어온 대표적인 한민족의 무예이다.[1] 인류가 부족단위의 공동체를 이루기 전부터 사냥에 활용했던 무기였으며, 국가성립 이후에는 단순한 전투무기의 차원을 넘어서 정신수양과 유희의 수단으로 활용한 무예로 정착되었다.[2]

특히 삼국시대에는 활쏘기를 청야수성전淸野守城戰이라는 산성山城 중심의 방어전술에 활용하는 것뿐만 아니라, 말을 타고 달리며 활을 쏘는 기사騎射 방식과 결합시켜 보다 공격적인 전

---

[1]   이중화, 『朝鮮의 弓術』, 朝鮮弓術研究會, 1929.
[2]   국사편찬위원회, 『나라를 지켜낸 우리 무기와 무예』, 두산동아, 2007.

술에 활용하였다.[3] 그런데 말을 타고 자유롭게 활을 쏘기 위해서는 활의 크기가 무엇보다도 중요하였다. 기사병騎射兵의 경우 활과 화살을 항상 몸에 패용하여 전투가 발생하면 빠르게 대응해야 했으며 전투의 상황에 따라 말 머리를 자유롭게 넘나들며 좌우로 활을 쏴야 했기에 활의 세기가 강할지라도 활의 크기는 반드시 작아야만 했다.[4]

기사騎射방식이 발달한 고구려를 중심으로 활의 크기는 작지만 강한 힘을 유지할 수 있도록 하는 각궁角弓방식의 복합궁 계열의 활이 발달하게 되었다.[5] 대표적으로 우리에게 가장 잘 알려진 고구려 무용총舞踊塚 벽화 중 말을 달리며 활을 크게 당기며 짐승을 사냥하는 그림에 등장하는 활들이 모두 각궁방식의 작은 활에 해당한다.[6] 이를 당시에는 맥궁貊弓이나 단궁檀弓이라 부르기도 하였다.

그러나 활의 크기가 작으면 사용하는 화살의 길이와 무게도

---

3   최형국, 「조선시대 騎射 시험방식의 변화와 그 실제」, 『中央史論』 24집, 중앙사학연구소, 2006, 36~45쪽.

4   이런 이유로 조선시대의 경우 말을 타고 활을 쏘는 기병의 활을 '筒箇弓'이라고 불렀다. 동개는 활 패용 보조장비로 활집인 '弓袋'와 화살집인 '矢箙'으로 구성된다. 그리고 동개궁에 사용하는 짧은 화살을 '筒箇矢'라 불렀으며, 일반 화살에 비해 길이가 짧은 화살을 사용하였다. 또한 화살의 비거리보다는 정확도에 중심을 뒀기에 일반화살의 깃보다 넓은 大羽箭방식을 사용하였다.

5   정진명, 『한국의 활쏘기』, 학민사, 1999, 82~89쪽.

6   이후 조선시대에는 보통 鄕角弓이라고 하여 수입산 검은 물소뿔이 아닌 조선에서 키워낸 황소의 짧은 뿔을 여러 개 연결하여 각궁을 만들기도 하였다. 특이하게 마치 층을 쌓듯이 짧은 뿔을 연속으로 연결하여 만든 활은 紋子弓이라 불렀다(『備邊司謄錄』 英祖 1年 12月 8日條).

한계가 정해져 있다. 또한 말 위가 아닌 보병步兵 궁수弓手의 경우 군이 동개궁처럼 길이가 짧은 활을 사용하기 보다는 동개궁보다 크고 강한 활이 필요했기에 일종의 대궁大弓형태의 활도 생명력을 유지할 수 있었다.

특히 궁수의 힘을 키우거나 시험볼 때에는 작은 활보다는 크고 강한 활이 유리하였는데, 조선시대의 경우 무과시험에 '철전鐵箭'이라는 실기과목을 보사步射의 기본 과목으로 지정하여 큰 활을 사용하는 기법을 익히게 하였다.[7]

그런데 조선시대 무과시험 과목 중 활쏘기 부분을 살펴보면, 보사의 경우 목전木箭, 철전鐵箭, 편전片箭 그리고 기병의 마상무예의 일종인 기사騎射로 구성되어 있다.[8] 그 중 목전과 편전은 사용하는 활이 동일한데, 유독 철전은 일반인들이 쉽게 당길 수 없을 정도로 크고 센

사진 1_ 철전과 일반 화살의 촉 크기 비교

---

[7] 철전에 사용된 육량궁 혹은 정량궁보다 더 큰 활은 禮弓으로 軍禮를 비롯한 궁중의례용으로 활용한 활이 형태상 가장 크다. 일반 각궁의 크기가 대략 80cm~1m30cm인데, 禮弓의 크기는 약 2m이상이다.

[8] 심승구, 「조선시대 무과에 나타난 궁술과 그 특성」, 『학예지』 7, 육군박물관, 2000, 83쪽.

활을 사용하였다.[9]

또한 목전이나 편전의 경우는 일반적인 보사의 방법처럼 제자리에 멈춰 서서 활을 쏘는 반면 철전은 워낙 크고 무거운 화살을 보내야 하기 때문에 앞으로 도약하듯 발걸음을 내딛으며 쏘는 독특한 사법射法을 가지고 있다.[10]

현재 보사步射 방식의 활쏘기는 전국의 사정射亭을 중심으로 전통적인 활쏘기 방식이 일제강점기에도 면면히 이어져 왔고, 기사법騎射法의 경우 몇몇 마상무예 연구단체를 통해 다양한 마상 활쏘기법이 복원 훈련되고 있다. 그러나 철전鐵箭 사법의 경우 무과시험의 폐지와 함께 완전히 사라져 버렸다.

지금까지 활이나 활쏘기에 대한 연구는 주로 문헌 연구에 집중되어 왔다. 대표적으로 국립민속박물관에서 『한국무예사료총서』의 연속 간행물의 일부로 해제가 진행되었다.

자료를 살펴보면, 『사법비전공하射法秘傳攻瑕』(14권), 『조선朝鮮의 궁술弓術』(15권), 『조선시대 대사례朝鮮時代 大射禮와 향사례鄕射禮』(16권) 등이 발간되어 전통시대 활쏘기의 모습을 보다 쉽게 접근

---

9 무과시험에서 활용한 木箭은 화살촉이 뭉뚝한 나무로 만들어져 붙여진 이름이며, 片箭은 속칭 '애기살'이라고도 불리며 '통아'라는 덧살에 짧은 화살을 쏘는 것을 말한다. 鐵箭은 말 그대로 화살촉이 뭉뚝한 철촉으로 만들어졌으며, 무게가 여섯량이 될 정도로 무겁다고 하여 六兩箭 혹은 六兩矢로도 불렸다. 또한 일반적인 각궁으로 철전을 쏠 수 없었기에 특수하게 크고 강하게 만든 활인 六兩弓 혹은 正兩弓으로 활쏘기를 시험보았다.

10 『五洲衍文長箋散稿』, 助筋帶辨證說. "我東有大弓勁者 曰六兩弓 以鐵箭放射二百餘步 控弦必踴躍賈勇而發 故弱者不能持滿 則暗掛助繩於肩脚 挽引借力 然後始得引弦 故試才時 先禁助繩."

할 수 있게 되었다. 특히 지난 2011년에는 육군사관학교 육군박물관 학술지인 『학예지學藝誌』 제18집이 '전통시대 무예 「국궁」 특집'으로 발간하여 전통 활쏘기에 대한 다양한 연구업적을 모아 놓았다.[11]

그러나 위에서 살펴보았듯이, 전통시대 활쏘기 자세의 실기사적 특성을 밝히는 연구보다는 문헌연구에 집중되었기에 본 장에서는 문헌연구를 바탕으로 실제 자세의 특성까지 살피는 실기사적 연구에 집중하고자 한다.[12]

다만 한국의 전통 활쏘기를 연구하는 모임인 온깍지궁사회에서 「육량전 소고」라는 제목으로 철전사법鐵箭射法 연구에 필요한 각종 자료를 모은 자료집 성격의 글이 발표되어 철전에 대한 연구 및 사법 복원에 많은 도움을 주고 있다.[13]

따라서 본 장에서는 그동안 잊혀 왔던 전통의 활쏘기 방식

---

11 『學藝誌』 제18집에 실린 활쏘기 관련 논문을 살펴보면 다음과 같다. 윤성재, 「삼국~고려시기 활쏘기 문화」; 윤훈표, 「조선전기 활쏘기 문화의 특성」; 우인수, 「『부북일기』에 나타난 무인의 활쏘기 훈련」; 김기훈, 「일제 강점기의 전통 궁술」; 이재학, 「전국 활터 〈射亭〉의 현황과 과제」; 정재성, 「활쏘기의 체육학적 논의」.

12 조선후기 전통 활쏘기에 대한 실기사적 연구는 최형국, 「18세기 활쏘기(國弓) 수련방식과 그 실제 -『林園經濟志』「遊藝志」 射訣을 중심으로」(『탐라문화』 50호, 제주대학교 탐라문화연구원, 2015)이 대표적이다.

13 이건호, 「육량전 소고」, 『국궁논문집』 10집, 온깍지궁사회, 2018, 1~22쪽. 철전의 도약사법에 대한 사료 모음집적 성격의 글로 본고를 작성시 많은 도움을 받았다. 아직까지 주목받지 못하는 국궁연구 현실에서 사비를 모아 발행되는 학술지이지만, 국궁에 대한 다양한 현장연구가 바탕이 되어 국궁연구의 귀감이 되고 있다. 참고로 필자의 철전 도약사법 복원은 지난 2006년 아산 이순신 축제 중 〈무과전시 재연〉시부터 시작되었다. 관련 자료는 이하 논고에서 사진 등으로 밝힌다.

중 철전鐵箭 사법射法의 모습을 올바르게 이해하고 복원하기 위하여 다양한 사료분석과 함께 실제 실연實演으로 실증연구의 폭을 넓히고자 한다.

특히 철전사법의 경우 단순히 문헌 사료뿐만 아니라, 조선시대 기록화의 분석을 통해 실제 철전의 형태적 특징과 보조도구를 이용한 사법의 특성을 현실에 적용 가능하도록 분석하고자 한다.

2. 무과시험 속 활쏘기의 의미와 육량전 · 철전의 위상

무과武科는 고려와 조선을 구분 짓는 가장 대표적인 제도적 차이였다.[14] 고려시대와는 다르게 조선시대는 유교이론과 무예실기를 함께 시험 보는 '무과武科'를 대과大科의 일종으로 치렀기에 유학적 능력이 바탕이 되는 무인武人 관료官僚를 선발하는 시험으로 안착되었다.[15]

무과시험의 실기과목은 조선전기의 경우 목전木箭 · 철전鐵箭 · 편전片箭 · 기사騎射 · 기창騎槍 · 격구擊毬 등 모두 6가지의 과목이었는데, 이중 활쏘기와 직접적으로 연관된 과목은 목전 · 철전

---

14 무과시험에 대한 세부 연구는 심승구, 앞의 논문(2000)을 참고한다.
15 최형국, 『朝鮮後期 騎兵의 馬上武藝 研究』, 중앙대학교 대학원 박사학위 논문, 2011, 44~55쪽.

·편전·기사 등 4가지였다. 따라서 전통시대 활쏘기 기법은 조선시대 무과시험의 정착을 통해 완전하게 규격화되었다고 볼 수 있을 것이다.[16]

그 중 기병이 익히는 마상무예의 일종인 기사를 제외하고 보병이 주로 익혔던 목전·철전·편전은 전통시대의 다양한 활쏘기 방식의 핵심을 담고 있다.[17] 목전은 일명 '박두樸頭'라는 별칭으로

사진 2_ 조선전기 화살집인 첩개貼箇의 모습
조선전기에는 통형 주머니 모양의 담통개擔筒箇-통개筩箇(모양이 둥글어서 죽통과 같음)와 첩개貼箇(너구리狹를 닮은 형태로 활을 담는 궁건弓鞬과 유사) 방식이 활용되었다. (국립고궁박물관 소장)

불릴 정도로 뭉뚝한 나무촉을 이용하여 240보를 쏘는 것이고, 철전은 '육량전六兩箭'이라는 별칭이 붙을 정도로 목전처럼 끝이 뭉뚝한 여섯량의 무거운 화살을 쏘는 것이었다.[18]

---

16 조선후기의 경우 『續大典』의 편찬시 擊毬는 빠지고 柳葉箭·貫革·鳥銃·鞭芻 등 4가지 과목이 추가되었다. 따라서 총 10개의 무과실기 과목 중 활쏘기 과목이 2가지가 더 추가되어 모두 여섯 가지 종류의 실기과목이 활쏘기와 연관된 것이었기에 활쏘기는 조선왕조 500년을 대표하는 무예이자 무인관료 배출의 기준이었다.

17 이러한 이유로 일제강점기 조선궁술의 명맥을 잇기 위하여 출판된 『朝鮮의 弓術』에서는 철전의 妙法, 편전의 奇術, 유엽전의 神技로 국위를 떨쳤다고 표현하였다. 柳葉箭은 후술하겠지만, 실전에 활용할 수 있도록 목전 쏘기를 변형한 화살로 볼 수 있다.

18 『朝鮮의 弓術』에서는 "화살의 무게가 6냥이라 이러한 이름이 붙었다"라고 하였다. 현재 일반 화살의 무게가 사용하는 사람의 팔의 길이에 따라 약 6~8돈

그리고 편전은 별칭으로 '애기살' 혹은 '동자전童子箭'이라고 부를 정도로 아주 짧은 화살을 '통아'라고 부르는 보조 덧살에 넣어 쏘는 활쏘기 방법이었다.[19]

그런데 위의 3가지 활쏘기 과목들 중 목전과 철전은 무과시험이라는 특수한 상황을 고려하여 규정된 것이기에 살상력을 제거한 뭉뚝한 화살이라는 특징을 가지고 있다.[20] 특히 그중 목전의 경우는 철전이나 편전을 익히기 전인 활쏘기의 기본을 배울 때 사용하는 보편적인 방식의 활쏘기였기에 가장 먼저 시험을 보았다.[21]

이런 이유로 무과시험 준비자들이 가장 보편적으로 연습하는 것이 목전이었다. 그런데 나무로 만든 둥근형태의 비살상형 촉이었기에 실전활용에 문제가 되어 무과에 합격한 이후 취재取

(錢:1돈을 3.75g으로 계산할 경우 22.5~30g) 정도 나가는데, 6兩이면 일반 화살에 비해 약 10배(375g) 정도 무거운 화살이 鐵箭이다.

19 보통 화살의 길이는 사용하는 사람의 팔의 길이와 비례하여 2(20치)자 6치에서 8치 정도의 길이를 보편적으로 사용한다. 조선초기 주척으로 1척 2촌(약 25cm 내외 - 『世宗實錄』 五禮)로 짧았지만, 파괴력을 높이기 위하여 1672년(현종 13)에는 포백척 8촌(약32cm 내외)로 길이가 길어졌다. 필자가 실증한 결과 파괴력을 줄일 경우 깃부분을 제외하고 약 3치 정도의 길이도 발사가 가능하다.

20 무과시험 科場에서 표적이 되는 목표물이 小布라는 방식의 천을 여러 겹 덧대어 사용하는 방식이었기에 굳이 날카로운 철촉을 사용할 필요가 없었으며, 武科의 마지막 시험인 殿試의 경우 國王의 親臨하에 진행되었기에 살상력을 제거한 화살을 사용한 것으로 판단된다. 다만 片箭의 경우 관통력이 우수하여 실전용으로 활용했기에 짧은 철촉을 사용하였다(『世宗實錄』 五禮 軍禮序例 兵器條).

21 무과 실기시험의 순서에서 목전을 가장 먼저 시험을 보았으며, 만약 목전 과목에서 해당 거리를 넘지 못할 경우 이후 편전이나 철전시험은 볼 수가 없었다(『經國大典』 卷4, 兵典, 試取條).

オ와 평상시의 습사習射를 비롯한 180보 이하의 실전사격용 거리에서는 날카로운 쇠화살촉을 쓰는 것을 권장하였다.[22] 이후 화살촉을 쇠로 만들되 그 무게를 최대한 줄인 것이 조선후기에 새롭게 무과시험과목으로 추가된 유엽전柳葉箭 방식이었다.

다음 <그림 1>은 『세종실록世宗實錄』 오례五禮 군례서례軍禮序例 의 병기兵器와 『국조오례서례國朝五禮序例』 군례軍禮 「병기도설兵器圖說」의 통아와 편전, 목전(박두樸頭), 대전大箭, 철전鐵箭의 모습이다.[23]

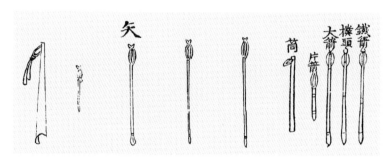

그림 1_ 조선시대 문헌기록 속 화살의 종류[24]

---

22 『世宗實錄』 卷94, 世宗 23年 10月 丁卯條.
23 『世宗實錄』 五禮와 『國朝五禮序例』 軍禮에 화살관련 그림은 조금 애매하게 그려져 있다. 특히 「兵器圖說」에는 화살 하나당 표제가 붙어 있지만, 화살에 대한 설명과 부합하지 않다. 만약 「兵器圖說」의 그림과 일치한다고 했을 경우 대전과 철전으로 볼 수 있을 것이고, 서로 다를 경우 철촉대자와 철촉소자로 구분할 수 있다. 다만 「兵器圖說」의 대전, 박두, 철전의 경우 화살대 마디의 차이를 구분 지었으므로 길이로 보면, 大箭 < 樸頭 < 鐵箭의 순서로 길이를 분별할 수 있을 것이다(국립중앙도서관본).
24 『世宗實錄』 五禮 軍禮序例 兵器(좌)와 『國朝五禮序例』 軍禮 「兵器圖說」(우)의 통아와 화살.

조선후기의 경우 무과시험에서 목전은 기본 시험거리가 240
보였으며, 유엽전柳葉箭은 그것의 절반인 120보를 함께 시험 보
았다. 그런데 목전의 경우는 과녁을 맞히기보다는 과녁보다 더
멀리 쏠 경우 추가 점수를 주는 방식이었으며, 유엽전은 과녁에
화살을 몇 개를 맞히느냐에 따라 점수의 차이가 발생했기에 정
확도 훈련에서는 유엽전이 더 효과적이었다.

다음의 〈표 1〉은 『대전회통大典會通』의 병전兵典 중 시취조試
取條의 목전과 유엽전柳葉箭의 설명인데, 이를 비교해 보면 정확

〈표 1〉 『大典會通』 兵典 試取 중 木箭과 柳葉箭의 설명 비교[25]

	木箭	柳葉箭
표적거리	240步	120步
점 수 산정방식	3矢를 사용하는데, 1發이 표적까지 미칠 때마다 7點을 줘되 240보를 지나면 초과하는 5步마다 1點을 가점하고 50步를 지나면 목표 밖에 떨어졌더라도 점수를 준다.[26]	的의 長은 6尺 6寸, 廣은 4尺 6寸, 貫의 長과 廣은 각각 그 3분지 1.
특기사항	初試때에는 得點矢數 1矢 이상을 選拔하며 覆試도 이와 같다.	箭의 중량은 8錢, 촉의 尖細한 것은 사용을 금한다. 武試의 初試, 覆試에는 이 시험이 없다.[27]

25 『大典會通』 兵典 試取.
26 木箭 시험에서도 기본적으로 240步의 거리에 侯를 세워 표적으로 삼았다. 표
    적의 크기는 가로 세로 각각 1장 8척의 정사각형이며, 그 넓이의 삼분지 일인
    6척을 핵심 부위인 정곡으로 삼아 돼지얼굴을 그려 넣었다(『國朝五禮儀』 序禮,
    軍禮, 射器圖說).
27 유엽전 역시 무과시험이라는 특수 상황이기에 화살촉이 너무 작거나 날카로운
    것은 사용을 금지하였다. 따라서 일반적인 화살에서 촉을 바꾸는 도구인 촉돌
    이를 이용하여 화살촉을 바꿔 사용하였다. 특히 顯宗이 직접 무과시험 및 官
    試에서 화살촉이 뾰족하고 가는 것은 일절 금할 것을 명하기도 하였다(『武科
    總要』 卷1, 柳葉箭, 科祿. "上謂 兵判 曰比後科學及官試柳葉箭 以八錢重定式
    鏃尖細者 一切禁斷").

하게 두 가지 방식의 활쏘기가 지향하는 바를 확인할 수 있을 것이다. 아래의 <표 1>에서 보는 바와 같이, 목전은 초시에서 1시矢 정도만 과녁을 맞혀 정확도를 확인하고 이후에는 얼마나 멀리 화살을 보내느냐에 따라 가산점이 주어지는 방식임을 알 수 있다.

반대로 유엽전의 경우에는 화살의 무게와 촉의 형태를 지정하고 과녁의 전체 크기와 중앙부인 관貫의 크기만을 정해 정확하게 이 과녁 안으로 화살이 들어가야만 점수를 줬음을 알 수 있다.

이러한 이유로 무과에서 합격한 이후에는 목전 연습이 실전에 도움이 되지 않기에 오로지 유엽전을 중심으로 습사習射와 취재取才가 진행되기도 하였다.

대표적으로 조선후기에 기병騎兵 강화흐름에 따라 새롭게 조직된 함경도咸鏡道 친기위親騎衛 · 평안도平安道 별무사別武士 · 황해도黃海道 별무사別武士 · 경상도慶尙道 별무사別武士 · 경기수영京畿水營 별무사別武士의 도시都試에서는 목전을 제외하고 철전 · 유엽전 · 편전 · 기추 · 조총 · 편추만을 시험 보았다.[28]

또한 상당부분의 군영 취재나 각종 시사를 비롯한 활쏘기 시험에서도 목전 대신에 유엽전을 활용한 경우가 많았다. 따라서 조선전기에는 목전이 그리고 조선후기에는 유엽전이 가장

28　『續大典』卷四, 兵典: 목전 이외에도 관혁과 기창이 제외되어 있는데, 역시 동일한 이유로 실전에 활용가능성이 높은 무예로 都試 과목이 집중된 것으로 판단된다.

보편적인 활쏘기의 기준이 된 것으로 판단된다. 특히 목전의 경우 무과시험에서도 자신들이 기존에 활용했던 화살을 그대로 사용할 수 있도록 관전官箭이 아닌 사전私箭의 사용을 허락했기에 가장 익숙한 활쏘기시험이 가능했다.[29]

목전 다음으로 시험 본 철전 역시 엄밀히 말해 궁수의 힘을 판단할 수 있도록 화살의 비행거리에 따라 점수를 주는 방식이었다. 『경국대전經國大典』에서 정한 철전의 점수 산정방식을 보면, "목표까지의 거리는 80보이며, 일시一矢의 중량은 육량六兩, 일발一發이 목표目標에 미칠 때마다 칠점七點을 주고, 80보를 지나면 5보마다 일점식一點式을 가한다. ○ 초시初試 때는 득점시수 일시一矢 이상을 선발選拔하며 복시覆試도 이와 같다"[30]고 규정하였다.

이처럼 철전은 목전처럼 비록 표적이 존재하지만, 무과 초시와 복시에서만 표적에 일시一矢 이상을 적중시키면 되고 나머지 화살을 비롯하여 국왕의 친림 하에 진행된 최종시험인 전시殿試에서 표적의 적중 여부와는 관계없이 먼 거리로 화살을 보내면 점수가 높아지는 방식임을 알 수 있다.

그런데 이렇게 철전과 같이 무거운 화살을 멀리 쏘기 위해서는 자연스럽게 자세가 비틀어지는 경우가 발생하여 실제 화

---

29 『武科總要』卷1, 初試: 후술하겠지만, 이에 비해 무과시험에서 鐵箭은 정규 중량의 문제로 私箭이 아닌 官箭으로 엄격히 시용화살을 규정하였다.
30 『經國大典』卷4, 兵典, 試取條.

살이 과녁과 조금씩 다른 방향으로 날아가는 경우가 잦았다. 이러한 한계를 극복하기 위하여 『속대전續大典』에서는 "80보에서 100보까지 이르는 사이에서는 전표적前標的[31] 좌우의 거리가 각각 50보 이내라야 하되, 100보를 지나면 비한比限에 부재不在한다."[32]고 하였다.[33]

그러나 『속대전續大典』의 제한규정에서도 알 수 있듯이, 철전을 100보 이상의 거리로 쏠 경우 5보마다 1점씩 무한히 점수가 올라가는 방식이기에 무과시험을 치루는 거자擧者들은 목전이나 편전 혹은 기사騎射에서 점수가 낮다고 하더라도 철전에서 점수를 충분히 얻으면 시험에 합격할 가능성이 높아 졌으므로 자신의 한계를 넘어서 화살을 멀리 보내려는 경향이 일반적이었다.

다음의 사료는 무과시험에 지정된 다른 과목은 훈련하지 않고 오로지 추가 점수가 높은 철전만을 집중적으로 훈련하는 문제점을 지적하고 있다.

(1) 병조兵曹에서 아뢰기를, "(경국經國)대전大典에 무예 도시都試에서 …(중략)… 6냥의 철전은 1시矢에 7푼을 주고, 80보를 초과하면 초과 1보마다 1푼을 가하나, 6냥의 철전은 다만 궁력弓力의

---

31 세워놓은 표적을 넘어선 거리까지 철전이 날아가므로 화살이 지나친 앞 표적이라는 표현을 사용하였다.

32 『續大典』 卷4, 兵典, 試取條.

33 다만 試官이나 주변인을 보호하기 위하여 세워 둔 防牌에 화살을 맞히는 것은 날아간 화살의 10步를 감하여 점수를 주는 것으로 안전규정을 새롭게 두었다.

강약強弱만을 시험하는 것뿐이고 적敵을 막는 기술이 아닌데, 분수分數를 주는 것이 지나치게 많습니다. 그러므로 시험에 응시하는 사람이 비록 기사騎射와 기창騎槍·격구擊毬에 능하지 못하더라도 만약에 6냥의 철전에만 능하게 되면, 다만 6냥의 철전의 푼수만으로도 시험에 합격하게 되니, 이로 인하여 무사武士들이 말을 달리는 기예技藝를 익히지 않습니다.

청컨대, 금후로는 6냥의 철전이 80보를 초과하게 되면, 초과 3보마다 1푼을 주고, 기사와 기창을 각각 한 차례씩 더하게 하고 강서講書는 1서書나 혹은 2서書, 혹은 3서書에서 그 원하는 바에 따라 강시講試하여 푼수를 주되, 1백 90푼 이상은 1등, 1백 60푼 이상은 2등, 1백 20푼 이상은 3등으로 하소서."[34]

위의 사료는 일반적인 무과시험인 식년시式年試가 아닌 무예 도시都試의 규정에 대하여 변경을 요구하는 내용이다. 도시都試는 지방에서 무예실력이 출중한 자를 선발하는 일종의 특별과거시험 성격이었기에 실제 지방에서 정착하며 일정한 권력을 유지하던 지방 토호세력들이 주로 시험을 보는 경우가 많았다.

위의 내용에서 보듯이, 기사나 기창 그리고 격구 실력은 없을지라도 오로지 철전을 멀리 보내 80보 이상시 1보마다 1푼의 추가 점수가 발생하여 무예도시에 합격하는 폐단을 지적하고

---

34 『成宗實錄』卷17, 成宗 3年 4月 甲申條.

사진 3_ 태조 이성계의 어궁구
활을 담는 궁대와 각궁 그리고 화살을 담은 시복(통개)의 모습이다. 태조 이성계의 경우 명궁으로 이름났었다.
일제강점기까지 북한의 함흥본궁咸興本宮에 있었지만, 한국전쟁을 거치며 현재는 유물 소재를 확인할 수 없다.
(국립중앙박물관 소장 유리원판)

있다. 도시都試의 경우 평안도와 함경도를 비롯한 국경지방에서
무풍武風을 확산시키기 위해 자주 실시되었는데, 이러한 경우 도
시 출신자들이 말을 달리는 마상무예의 일종인 기사騎射나 기창
騎槍의 실력이 떨어져 실전배치가 어려운 상황이 발생할 수 도
있었다.[35]

　　그리고 이를 극복하기 위하여 1보가 아닌 3보마다 추가 점
수를 주고 나머지 과목인 기사와 기창을 한 차례씩을 더하여 점

수를 더 주는 방식으로 변경했다. 또한 이론시험인 강서講書의 경우에는 1권을 선택하는 것이 아니라, 3권까지 권수를 늘려 임문고강臨文考講의 능력이 출중할 경우 점수를 더 주는 방식으로 변경하는 내용을 담고 있다.

그러나 실제 도시都試에서는 각 지방마다 특징이 있었고, 여전히 철전鐵箭 점수에 따라 합격여부가 결정되었기에 철전 중심의 활쏘기 훈련은 지속될 수밖에 없었다. 심지어 자신의 어깨를 비롯한 신체가 망가지는 지경에 이를 때까지 철전을 멀리 보내기 위하여 훈련하는 경우가 많아 사회 문제화 되기까지 하였다. 다음의 사료는 지나친 철전 훈련으로 인해 죽음까지 이른 문제점을 지적하는 내용이다.

(2) 신이 요즘 도시都試에서 취재取才한 무사를 보니, 궁력弓力이 있는 자가 거의 없고 또 모물毛物로 팔 등을 쌌으니, 이는 다름 아니라 육량六兩을 쏨으로 해서 팔뚝을 상하였기 때문입니다. 국가에서 육량의 원근遠近을 계산하여 무사를 뽑으므로 무사들이 자기의 궁력을 억지로 강하게 하여 멀리 가게 하려고 힘쓰기 때문에 원력元力이 부족한 자라도 모두 굳센 활을 억지로 당겨 그 힘을 더하게 되므로 마침내 팔뚝을 상하여 쓰이지 못하게 됩니다.

이순경李舜卿 · 성순동成順仝 · 황형黃衡 · 최한홍崔漢洪 등은 젊었

35   최형국, 「正祖의 文武兼全論과 兵書 간행 - 認識과 意味를 中心으로」, 『역사민속학』 39집, 한국역사민속학회, 2012, 120~128쪽.

을 때에는 궁력이 매우 강해서 사람들이 다 대각大角이라고 일컬었으나, 강한 것만을 너무 숭상하고 멀리 쏘기만을 힘썼으므로 팔의 힘이 많이 상하여 지금은 도리어 약한 활도 능히 당기지 못하며 순경은 이로 인하여 죽었으니 궁력을 숭상하지 못할 것이 이와 같습니다.[36]

위의 사료에서 알 수 있듯이, 혈기가 왕성한 젊은 시절에 무리하게 철전鐵箭을 연습하여 어깨와 팔뚝을 상하여 나이가 먹은 후에는 약한 활조차 당기지 못하거나 목숨까지 잃는 경우가 발생할 정도로 심각한 지경에 이르렀다. 그러나 무과시험을 합격한 이후에도 고위직 무관武官으로 승진하기 위해서는 철전이 필수과목이었기에 어쩔 수 없이 가혹한 훈련을 진행할 수밖에 없었다. 다음의 사료를 통해 고위직 무관과 일반 무관의 변별점을 철전을 통해서 찾을 수 있다.

표 2_ 『大典會通』 兵典 試取 중 武臣堂上과 武臣堂下의 試射 내용 비교[37]

	武臣堂上	武臣堂下
시험과목	柳葉箭(8巡), 片箭(1巡), 騎芻(1次)	鐵箭(100步 거리 1巡), 柳葉箭(7巡), 片箭(2巡), 騎芻(1次)
시험방식	(續) 매월 17일에 2품 이상의 文·武官 각 1인을 보내어 堂上官의 관직에 있는 자 및 閑良·散官 등을 시험한다. 事故가	(續) 매월 22일에 兵曹判書가 堂下官으로서 實職에 있는 자를 시험한다. 判書가 有故時는 參判이 시험하고 참판이 有故時는 연기

36 『中宗實錄』 卷24, 中宗 11年 3月 己丑條.
37 『大典會通』 兵典 試取.

	있어 試驗하지 못하면 그 달 안의 적당한 일자로 延期施行 하되 四季節의 末月에 成績을 合計하여 閑良과 散官으로서 得點矢數 50矢 이상에 달한 자는 50席에 한하여 俸祿있는 자리에 붙이되 連三次 首席을 차지지한 자 및 騎蒭와 片箭시험에 沒技한 자는 品階를 陞級하고 4矢에 미달한 자와 病으로서 應試하지 못한 자는 아울러 罷免한다.	시행하되 6월과 11월에는 시행할 수 없다. 單巡에 沒技의 成績을 얻은 자는 別途 記錄簿에 특별히 記入하되 여러 巡에 沒技한 자는 특별취급하지 아니한다.○ 得點矢數가 4矢에 차지 못하는 자는 罷免하되 騎蒭 시험은 평점을 倍로하여 4矢數를 보충하도록 한다.
특기사항	○ 堂上의 別軍織은 試射에 參加하지 못하되 萬苦 實職이 있거나 또는 軍營事務를 겸임하였을 때에는 參加하여야 한다. (補) 36席에 한하여 俸祿있는 자리에 붙인다.	(補) 10巡을 試射하여도 4矢에 차지 못하는 자는 罰로서 當番 외의 宿直을 科하고 連 5次 득점이 없으면 罷免하고, 성적이 首位인 자는 論賞하고 성적이 優等인 參下官은 곧 6品을 除授하고 參上官은 뛰어서 4品을 除授하고 4品 또는 3品官은 吏曹로 하여금 바로 守令에 임명케 하며, 優等의 다음 성적자는 參下官인 경우에는 6品에 오를 때에는 餘席이 있는 職位에 붙이고 參上官일 때에는 그 위의 品階로 陞級시킨다.

　위의 사료는 조선후기 무관 고위직을 구분하는 정3품 이상의 당상관과 이하의 당하관 시사試射에 관한 규정이다. 위의 〈표 2〉에서 보는 바와 같이, 당시 매월마다 활쏘기 시험을 진행하여 성적이 높은 자는 승진의 혜택을 주고, 반대로 활쏘기 성적이 낮을 경우 실직을 파면罷免할 정도로 중요한 시험이었다.

　특히 시험과목에 있어서 철전의 유무는 곧 당상堂上과 당하堂下를 구분하는 기준이 될 정도로 젊고 힘이 있어야만 가능한 종목으로 인식되었다. 또한 실직으로서 당상군관堂上軍官의 취재取才 시험에도 철전을 제외한 편전, 유엽전, 기추만을 시험 보았다.

　이러한 철전의 특수성으로 인해 전쟁이 발발하여 시급하게 군사들을 모을 때에도 오로지 철전 하나만을 시험보아 장교로 선발했을 정도로 무예 실력의 척도를 가름하는 기준이 되었다.[38] 심지어 정조正祖는 철전鐵箭쏘는 기법을 '성聖'으로 표현하며 활쏘기 중 더할 나위 없이 뛰어난 평가기준으로 표현하기도 하였다.[39]

이처럼 활쏘기는 조선시대 무과시험이나 취재取才 및 다양한 승진시험에 절대적 영향을 끼쳤기에 무관武官이 훈련해야 할 가장 중요한 무예였으며, 그 중 철전은 무관 당상관堂上官으로 승진할 때까지 가장 철저하게 훈련해야 할 핵심 활쏘기였다.

3. 철전과 육량궁의 형태적 특성과 철전 사법

철전처럼 무거운 화살을 쏘기 위해서는 당연히 크고 강한 활이 필요하였다. 조선시대의 경우 철전을 발사하는 활은 일반적인 활이 아닌 육량궁六兩弓이라고 부르는 대궁大弓을 사용하였다. 그 활의 세기는 일반 활에 비하여 최소 3~5배 정도 강한 활이었다. 다음의 사료를 통하여 이를 짐작할 수 있다.

---

[38] 『孤臺日錄』1卷, 癸巳年, 秋 8月 28일(己酉). "二十八日己酉 上以討賊莫如武士 令 下三道廣取武士許 鉄箭五矢三巡一中以上者皆取焉 居昌 陜川 宜寧 三邑 設 場試才 本郡三十 餘人參焉."

[39] 『弘齋全書』120卷, 鄒書春記1, 閣臣 金近淳 萬章篇 伯夷目不視惡色章.

(3) 무과武科 초시는 제일 먼저 300근짜리 강한 활로써 시험하되, 6냥 무게의 철전을 2백 보 밖에서 능히 당겨서 쏜 다음에 또 기사 騎射를 시험하여 다섯 번 쏘아 다섯 번 맞히고, 그 다음에 8돈 무게의 목전木箭을 시험하여 5백 보 밖에서 멀리 쏘고 그 다음에 기창騎槍을 시험하여 세 번 쏘아 세 번 맞히고, 그 다음에 마상격 구馬上擊毬를 시험하여 잘 제어制御하고 잘 맞힌 뒤에, 다시 사서四 書 중의 한 책과 무경칠서武經七書를 강하여 능히 통한 자를 뽑는 데, 회시도 초시와 같이 합격시키는 규정도 마찬가지입니다.[40]

위의 사료는 정유재란丁酉再亂 때 일본군에게 포로 잡혀간 조 선군 노인魯認이 왜인들과 나눈 이야기를 일기형식으로 기록한 글의 일부이다.[41] 이 부분은 왜인들에게 조선의 무과시험에 대 해 설명한 것으로 가장 먼저 시험 보는 철전에 대하여 300근짜 리 강한 활을 사용하여 6냥 무게의 화살을 쏘는 것이라고 설명 하고 있다.

---

40 『錦溪日記』 6月 1日, "而武科初試則 先試以三百斤勁弓 能彎遠射六兩鐵箭 於二 百步然後 次試騎射 五發五中 次試八錢木箭遠射於五百步然後 次試槍 三發三 中 次試馬上擊毬 能制能中然後 次講四書中一書及武經七書 能通者取之 而會試 亦如初試 入格之規同也."

41 魯認은 宣祖 15년(1582)에 진사시에 합격하고, 천거로 別提에 제수되었다. 노 인은 1592년 임진왜란 때 權慄을 따라 이치·행주·의령 등지의 전투에서 많 은 전공을 세웠다. 정유재란 때 南原城 전투 후 적정을 살피다가 적이 쏜 조 총에 맞아 포로로 잡혀 일본에 끌려갔다. 이후 3년간 억류되어 있던 중 마침 중국에서 차관으로 온 林震虩의 배편으로 동료 奇孝淳과 함께 명나라로 탈출 하였고, 조선에 1599년 귀국하였다.

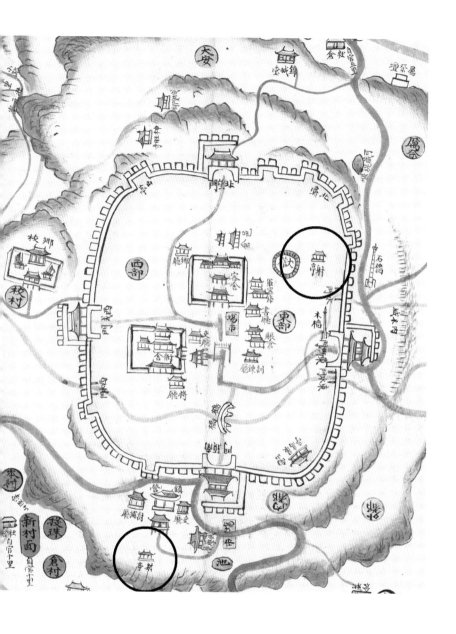

2_ 지방지도와 나주읍성 부분도(1872)

백□ 원 두 곳에 사정射亭이 표기돼 있다. 조선시대에 모든 읍성과 산성에는 기본적인 습사習射장소 설치가 필수였다.
□대학교 규장각 한국학연구원 소장)

그러나 위에서 설명한 300근을 요즘의 단위로 환산하면 약 396파운드(lb)의 엄청난 활의 강도를 갖는다.[42] 당대의 척관법에 의해 이것을 kg단위로 환산하면 약 192kg으로 인력으로 당기기 불가능한 활의 세기에 해당한다.

이는 아마도 포로로 끌려갔던 조선군의 입장에서 조선 활의 세기가 강함을 과시하기 위한 설명으로 추측된다. 그런데 조선 초기 무관 하급관리를 뽑는 취재取才에 당시 활용한 활의 세기에 대한 기록을 살펴보면 좀 더 현실성 있는 추론이 가능하다.

(4) 병조兵曹에서 아뢰기를, 모든 취재의 절목節目이 쓸데없이 복잡하옵니다. 청컨대 3등等으로 나누어서 1등으로 합격하는 자는 내금위內禁衛로 삼고, 2등으로 합격하는 자는 갑사甲士로 삼고, 3등으로 합격하는 자는 별시위別侍衛로 삼으소서. 활로써 2백 4보步에 2시矢 이상을 쏘거나, 육량철전六兩鐵箭으로 80보에 1시 이상을 쏘거나, 기사에 다섯 번 쏘아 네 번 이상 맞히거나, 창세槍勢에 모두 두 번 이상 합격하는 등 네 가지 취재取才에 모두 입격入格한 자를 1등으로 하되, 그 가운데 활을 당기는 것이 1백 20근斤인 자는 다만 한 가지 취재만을 취하소서.
활로써 1백 80보에 2시 이상을 쏘아 표내標內에 들어가거나, 기

---

42   현재 射亭에서 통용되는 활의 세기 기준은 파운드(lb)단위로 계산한다. 1파운드는 453.59237g이며, 1兩은 40g, 1斤은 16兩으로 환산할 때 300斤은 4800兩으로 192,000g(192kg)이다. 64kg=약 120파운드 정도이다.

사騎射에 다섯 번 쏘아 세 번 이상 맞히거나, 창세槍勢가 모두 한번 합격하는 등 세 가지 취재 안에 기사·보사 두 가지 취재에 입격入格한 자를 2등으로 삼되, 그 가운데 활을 당기는 것이 1백 근斤인 자는 다만 한 가지 취재만을 취하소서.[43]

위의 사료를 보면, 취재에 활용한 육량궁六兩弓의 세기를 짐작할 수 있는데, 100근斤의 활을 당기는 사람은 한 가지 취재과목을 취하고 만약 120근의 활을 당기면 나머지 모든 시험을 면제하는 것을 기준으로 삼고 있다. 따라서 육량궁의 세기를 100근 정도로 추정할 수 있을 것이다. 이럴 경우 약 64kg, 약 120파운드 정도의 활 세기를 갖는다고 볼 수 있을 것이다.

사진 4_ 예궁
의례에 사용하는 큰 활이다. 전체 둘레 241cm로 육량궁 크기와 비슷하다.(국립고궁박물관 소장)

---

[43] 『世祖實錄』 卷20, 世祖 6年 5月 乙酉條.

현재 일반 사정射亭에서 성인 남성이 사용하는 활의 세기가 약 45~55파운드 정도의 활을 이용하여 화살을 보낸다. 따라서 조선시대 육량궁은 현재 보편적으로 사용하는 활의 최소 2배 이상의 활 세기를 갖는다고 볼 수 있을 것이다.[44]

이는 앞서 서두에서 설명했지만, 일반 화살 대비 10배의 무게인 철전이라는 특수화살을 보내야 했기에 활의 세기가 강할 수밖에 없었던 것이다. 그리고 이렇게 육량궁이 강하기에 궁사들의 팔뚝과 어깨가 망가진다는 우려가 끊임없이 제기되었던 것이다. 당시 철전 쏘기에 사용했던 육량궁의 세기가 얼마나 강한지 다음의 사료를 통하여 확인할 수 있다.

(5) 지난번에는 더러 육량전六兩箭을 시험한 일이 있었기 때문에 장사군관들이 궁시를 가지고 갔는데, 저들이 그 장대壯大함을 보고 민가를 다치는 일이 있을까 염려하여 그만두기를 간곡히 청하였다. 그런데 개중에 한 건장한 왜인이 허세로 용력을 과시하며 대궁大弓 당기기를 청하였는데, 들으니, 이는 그들 중에서 장사라고 일컫는 자라고 하였다.

조 비장이 시험 삼아 쉬운 듯이 가볍게 한 번 당겨 보이고는 그 왜인으로 하여금 당기게 하였더니, 그 왜인은 이를 악물고 팔뚝을 뽐내어 힘을 다해 당기었으나 오히려 활시위를 벌리지 못하였

---

44 현재 필자가 사용하는 활의 세기는 45파운드이며, 키와 몸무게를 비례하여 자신의 활 세기를 결정한다.

다. 그러자 활을 팽개치고 달아나면서 혀를 빼물고 낯을 붉히고 머리를 흔들고 손을 휘저었다 한다. 아무리 용력이 있더라도 이미 쏘는 법을 알지 못하는데, 어찌 당길 수 있었겠는가[45]

위의 기록은 조선통신사의 일행으로 일본에 건너가 조선의 무예를 선보이던 내용을 정리한 것이다. 조선후기 통신사의 사행때 수행원의 일원으로 군관들이 동참하였는데, 이들은 조선의 대표적인 마상무예인 마상재馬上才를 비롯하여 철전이나 기사騎射 등 다양한 무예를 일본에서 시범보여 많은 호응을 얻기도 하였다.[46]

이처럼 덩치가 크고 힘이 좋다고 하여 육량궁을 당길 수 있는 것은 아니었다. 심지어 당시 사용한 철전은 그냥 화살의 형태였지만, 사람을 살상하는 몽둥이로 활용했을 정도로 그 두께와 길이가 일반화살과는 확연히 달랐다. 다음의 자료를 통해 조선시대 사용한 철전의 형태를 짐작할 수 있다.

---

45 『海槎日記』卷4, 3月 6日(丁巳). "在前則或試六兩 故壯士軍官持去弓矢矣 彼人輩見其壯大 恐有人家之觸傷 懇請止之 而有一壯健之倭人 虛張勇力 請彎大弓 聞是其中之壯士稱號者也 曺神試爲一挽 际其容易 使其倭人而挽之 其倭切齒揚臂盡力挽之 猶不得開弦 捨弓退走 吐舌頳顏搖頭揮手云 雖有勇力 旣不識射法 何能挽之也."

46 최형국, 「조선시대 馬上才의 軍士武藝 정착과 그 실제」, 『역사민속학』48호, 한국역사민속학회, 2015, 170~185쪽.

(6) 서북 지방의 용맹 있는 무사와 영·호남의 뛰어난 재주를 지닌 자들은 항상 철전과 목전에서 이미 높은 점수를 얻지만, 서울의 무신武臣 집안의 자제와 귀족 집안의 연약한 무리는 상대를 당해 낼 재주가 없다. 그러므로 이에 무뢰배들을 널리 모아서 강한 상대를 두들겨 쫓는 법을 자행하니 이것이 격축擊逐이다. 대개 시골에서 활 잘 쏘는 사람이 회시會試를 보러 오면, 무뢰배들이 작당하여 혹은 어두운 거리에서 노리고 있거나, 혹은 술집에서 시비를 일으키면서 모두 6냥짜리 큰 화살을 사용하여 목덜미와 등을 때려 분지르는데, 이들의 무리는 많고 저들은 본래 수가 적으니 어떻게 맞서 싸울 수 있겠는가. 유혈이 낭자하고 심지어는 곱사등이가 되어 평생을 과장科場에 나가지 못하고 마치게 된다.[47]

위의 사료는 정약용丁若鏞이 쓴 『목민심서牧民心書』의 한 내용으로 당시 만연했던 무과관련 비리를 지적하는 대목이다. 기록을 보면, 서울의 귀족 자제들이 무뢰배를 동원하여 육량전을 무기삼아 지방에서 과거시험을 보러 올라온 사람들을 구타하여 시험자체를 볼 수 없게 만든다는 내용이다. 그때 사람의 등뼈를 분지르는데 사용했던 무기가 육량전, 즉 철전이었다.

---

47 『牧民心書』兵典 第4條 勸武 "西北勁悍之士 兩南奇材之客 每於鐵箭木箭 已占高算 京城將家之子 紈袴軟骨之類 抵敵無術 於是 廣募無賴之輩 遂行擊逐之法 凡遐土善射之人 來赴會試者 或伺候於暗巷 或惹鬧於酒家 咸用六兩大箭 打碎轆轤關諸骨 此旣盛黨 彼本孤子 何以敵矣 流血狼藉 痀背終身 遂不能赴試."

이외에도 조선후기 살인사건을 다룬 기록 중, "육량전으로 10여 차례 세게 때려 상혼이 시장屍帳에 낭자하도록 만든 것"[48] 이나 "송아지 한 마리로 흔단이 이루어져 육량전죽六兩箭竹으로 때리며 분풀이를 하였다."[49]라는 식의 폭행 도구로 철전이 자주 사용될 정도였다.

이처럼 육량궁六兩弓처럼 일반 활에 비해 길이가 길고 몇 배나 강한 활에 사용하는 화살인 철전의 경우도 몽둥이로 사용될 정도로 길고 무거웠기에 쏘는 방식, 즉 사법射法도 일반 활을 당기는 모습과는 전혀 다른 방식이었다. 다음의 사료를 통해 이를 확인할 수 있다.

(7) 병조가 아뢰기를, 대저 사예射藝는 힘이 멀리 미치는 것을 주로 할 뿐만이 아니라 반드시 규칙에 맞아야 하므로, 무엇보다도 활과 살을 정확하게 잡고 자세를 바르게 한 다음에야 시취試取할 수 있는 것입니다. 이다음부터는 육량전六兩箭이건 세전細箭이건 모두 똑바로 서서 곧게 쏘라는 뜻을 경외京外에 통유通諭하는 것이 어떻겠습니까 하니, 전교하였다.

근래 무사武士들은 다 멀리 쏘려고 힘에 맞지 않는 활을 갖고

---

48 『審理錄』 27卷, 丙辰年(1796) 1 ○ 서울 南部 金亨遂의 옥사.

49 『審理錄』 29卷, 丁巳年(1797) 2 ○ 전라도 益山 楊敍欽의 옥사. 양서흠이 김 여인에게 빌려 준 소가 송아지를 死產하자 산 송아지를 내놓으라고 하였는데, 김 여인이 불손하게 말을 하자 鐵箭으로 구타하여 이튿날 죽게 하였다. 당시 상처를 보면 頭顱와 이마가 함몰되어 검고 단단하며, 後肋의 살이 갈라졌다라고 설명하였다.

활시위를 잔뜩 당기고자 하므로 동서로 방향을 바꾸는 등 여러 가지가 버릇이 된 지 이미 오래되었다. 그런데 갑자기 오랜 버릇을 고치게 하면 원망하는 일이 없지 않을 것이니, 취재하는 방도를 어떻게 해야 하는가? 삼공에게 의논하라.[50]

위의 기록을 보면 철전鐵箭(육량전六兩箭)을 쏘기 위해 무사들이 자기 힘에 넘치는 활을 가지고 몸을 동서로 비틀면서 억지로 쏘는 모습이 일반적이었음을 알 수 있다. 이런 이유로 병조에서 시취試取시 자세를 잡고 바르게 선 다음에 쏠 것을 제안했지만, 이미 사법이 만들어져 버렸기에 자세의 통일화는 어렵다고 판단하고 있다.

이렇듯 철전을 쏘기 위해 억지로 몸을 비틀어 육량궁을 당겼기에 의도치 않게 다른 방향을 화살이 날아가 다른 과거자科擧者가 철전을 맞는 경우도 있었으며,[51] 이를 방비하기 위하여 철전을 쏠 때에는 여러 개의 방패를 특수 제작하여 무과시험장에 배치하기도 하였다.[52]

다음은 조선시대 철전의 독특한 발시發矢 모습을 시로 표현한 작품이 있는데, 이를 살펴보면 아래와 같다.

---

50 『中宗實錄』卷98, 中宗 37年 5月 丁亥條.
51 『承政院日記』290册, 肅宗 8年 4月 18日 乙未條, "尹以道啓曰 文擧子李養中 肩甲 中六兩矢 伏地請藥治療云矣."
52 『承政院日記』1006册, 英祖 22年 7月 21日 乙卯條. "上曰 片箭射後 當射六兩 防牌先立."; 『日省錄』正祖 19年 9月 1日(己酉).

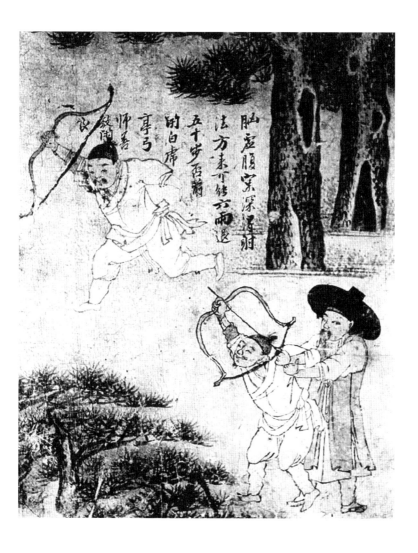

그림 3_ 〈육량궁도〉
철전을 쏘는 활인 육량궁은 워낙 당기기가 어려워 앞으로 도약하며 발시하는 것이 특징이었다.
(국가기록원 소장)

(8) 육량전六兩箭

금포에 해 비추어 붉은 도포 빛나는데	金鋪日照赭袍明
울타리의 앞머리에 뇌고 소리 울리매	椪柆前頭雷鼓聲
둘 둘씩 깍지 팔찌 차고 육균궁을 당기어라	兩兩決拾彎六鈞
활은 단단하고 촉은 무거워 억지로 버티누나	弓堅鏃重强支撐
힘센 자는 팔짝팔짝 뛰고 약한 자는 넘어지며	健者雀躍弱者仆
관과 패옥 떨어지고 먼지바람 일어나는데	倒冠落佩風埃生
괄우전이 반공중에서 비스듬히 떨어지면	括羽傾斜半空墜
자건 쓴 군졸이 자주 징을 두드리누나	紫巾之卒頻扣錚[53]

위의 사료는 조선전기 문신인 김종직金宗直이 무과시험 때 육량전을 쏘는 모습을 시로 옮긴 것이다. 여기서 "힘센 자는 팔짝팔짝 뛰고, 약한 자는 넘어지며"라는 구절이 철전을 쏠 때 나타나는 독특한 사법의 특징을 잘 보여준다.

특히 철전을 쏘았지만 "군졸이 자주 징을 두드린다."라는 표현을 봤을 때, 화살에 목표치에 도달하지 못하고 중간에 곤두박질하는 것이 흔히 있는 일임을 표현하고 있다.[54]

---

53 『佔畢齋集』詩集 20卷, 詩, 三月十六日 扈從慕華館 觀試武士四首. 六兩箭; 위의 시는 조선전기 문신인 점필재 金宗直(1431~1492)이 국왕을 모시고 모화관에서 무예 시취하는 장면에 대해서 읊은 4가지 시 중 하나이다. 이외에도 무과시취의 핵심과목인 '講武經', '擊毬', '騎射'에 대해 연이어 4수의 시를 지었다.

54 무과시험에서 무과의 점수를 담당하는 試官과 실제 화살이 날아간 표적과의 거리가 멀어 과녁 주변에 있는 監試官이 관중여부를 알리게 된다. 이때 주변에 있던 관원이 화살이 표적에 맞으면 북을 치며 붉은 깃발을 들어 올리고, 표

이렇듯 힘이 센 궁수라고 할지라도 철전을 쏘기 위해서는 제자리에 서서 쏘는 것이 아니라, 앞으로 반동을 주어 한번 도약하며 활을 당겨야 철전을 멀리 내보낼 수 있었다. 다음의 사료를 통해 철전사법鐵箭射法의 대략적 모습을 판단할 수 있다.

(9) 우리나라에 큰 활이 있는데, 강한 것을 육량궁이라고 한다. 철전으로 2백 보를 쏜다. 시위를 당김에 있어서 반드시 (앞으로) 펄쩍 뛰어 발을 굴러서 쏘기 때문에, 약한 사람은 끝까지 당길 수 없는 즉, 어깨와 발에 도움을 주는 밧줄을 몰래 걸어서 (시위를) 당길 때 힘을 빌린 연후에라야 비로소 그 시위를 당길 수 있다. 그러므로 재주를 시험할 때 우선 도움 주는 밧줄을 금지하느라 품속을 뒤진다. 무릇 도움 주는 밧줄에 이름을 붙인 것은 바로 (당기는) 힘을 도와주는 밧줄이라는 뜻인데, 오늘날 이것이 '조근대助筋帶'라고 하는 것이다.[55]

위의 사료는 육량궁을 그냥 당기기가 어려워 '조근대助筋帶'[56]

적에 맞지 않으면 징을 치며 흰 깃발을 올리게 된다.

[55] 『五洲衍文長箋散稿』人事篇 ○ 服食類 冠巾 助筋帶辨證說, "我東有大弓 勁者曰 六兩弓 以鐵箭放射二百餘步 控弦必踊躍賈勇而發 故弱者不能持滿 則暗掛助繩於 肩脚 挽引借力 然後始得引弦 故試才時 先禁助繩 搜其懷中 夫助繩爲名者 酒助 力之繩也 今此助筋帶者."

[56] 필자가 직접 조근대를 제작하여 철전 발사시 사용해본 결과 비탄력 재질이어야만 다리의 힘을 충분히 활을 당길 때 이용할 수 있었다. 만약 늘어가는 소재의 탄력재질이라면 다리의 힘이 그대로 활까지 전달되기 어렵다.

라는 일종의 보조도구를 이용하였는데, 무과시험에서는 이를 금지하는 내용을 설명하고 있다. 또한 육량궁이 너무 강하여 무거운 철전을 쏠 때에는 반드시 앞으로 '(앞으로) 펄쩍 뛰어 발을 굴러' 발사하는 것이라 하였다.[57]

이처럼 무과시험을 비롯한 각종 시재試才에서 육량궁을 당겨 철전을 발사하는 일이 어렵다보니 조근대를 비롯한 여러 가지 부정행위가 나타나기도 하였다.

대표적으로 자신과 비슷한 사람을 대리로 시험장에 출전시키는 대사代射나 차사借射를 비롯하여 시관試官 중 차비관差備官을 매수하여 철전의 비행거리를 조작하는 경우, 봉전관封箭官이나 습전군拾箭軍에게 뇌물을 줘서 화살과 과녁을 바꿔치기를 하는 경우도 쉽게 찾아 볼 수 있을 정도였다.[58]

특히 "무과武科의 규식에 육량六兩의 보수步數는 너무 멀므로 먼 데까지 쏘지 못한 자는 대부분 기회를 엿보아 차사借射를 하니, 과장科場을 엄중히 다스리는 방도가 못된다."[59]라고 하며 아예 무과시험시 철전의 시험거리를 줄이는 방안까지도 자주 고

---

57 이러한 특징으로 인해 『朝鮮의 弓術』에서는 "활을 彎開하면서 踊躍前進하야 反動의 力 을 借함이 常例오."라고 표현하였다(이중화, 『朝鮮의 弓術』, 朝鮮弓術研究會, 1929, 31쪽).

58 『光海君日記』 51卷, 光海 11年 12月 丙子條;『仁祖實錄』 11卷, 仁祖 4年 2月 壬辰條;『承政院日記』 9冊 仁祖 3年 10月 22日 丁酉;『日省錄』 正祖 元年 丁酉 10月 26日(戊午);『存齋集』 19卷, 雜著 ○ 政絃新譜 武選.

59 『景宗實錄』 卷4, 景宗 1年 9月 丁巳條. "武科規矩, 六兩步數太遠 不能遠射者多 乘機借射 非嚴科場之道 宜減其步數 兼講四書 武經."

사진 5_ 철전용 활장갑[60]

려되었을 정도였다. 또한 조선후기의 경우 군사운용 재정財政이 부실해져서 만약 자신의 사비私費로 전투마로 활용할 말을 납마納馬한 경우에는 철전의 합격 거리를 줄여주는 폐단이 발생하기도 하였다.[61]

그런데 철전의 용약사법踊躍射法을 하기 위해서는 도약시 출전피쪽 화살의 흔들림을 방어할 수 있는 보조도구가 반드시 필요했는데, 위의 〈사진 5〉와 같은 활 장갑의 형태가 바로 그것

---

60 위 조선시대 활장갑은 현재 육군사관학교 육군박물관에 전시중인 유물이다. 위의 철전장갑은 左執弓者 즉 右弓을 위한 활장갑이다.
61 『萬機要覽』軍政篇2, 附 龍虎營, 取才.

이다.[62]

위의 사진을 보면, 가장 특징적인 것이 엄지손가락 위의 작은 관을 끼울 수 있는 고리의 형태다. 활을 쥔 손, 즉 줌손의 엄지손가락 위에 철전을 끼울 수 있도록 만들어 놓은 것이다. 일반적인 화살을 당겨서 쏠 경우에는 깍지 손의 엄지와 검지 사이인 호구虎口 부분에 화살의 오늬를 물려 시위를 바깥쪽에서 안쪽으로 비틀어 일명 '쪼아'서 쏘는 것이 일반적이다.

그러나 철전은 화살이 일반 화살에 비해 두껍고 무게가 10배 이상 나가기에 실제로 '쪼는' 방식의 고정법이 불가능하다. 이런 이유로 활장갑이 없을 경우에는 줌손의 엄지손가락으로 임시 고정했다가 도약 후 발시 순간에 철전을 놓기도 한다. 다음의 사진은 필자가 시연한 철전의 용약사법의 연속 사진이다.

다음 사진에서 볼 수 있듯이, 일반적인 보사步射의 방식과는 사뭇 다르게 앞으로 도약하듯 철전을 당겨야만 육량궁六兩弓처럼 강한 활을 당겨 철전을 보낼 수 있었다. 그 과정에서 자연스럽게 발시 순간의 보폭은 넓어지며 만약 도약과 동시 활을 완전

---

62 현재 유물로 남은 활장갑의 엄지손가락 고리부분에 대해 현재는 편전을 발사하는 통아를 거치하는 곳으로 이해하는 것이 정설이다. 하지만 직접 통아에 편전을 넣고 활장갑 고리에 끼워 편전을 발시하면 깍지떼임시에 엄지손가락의 고리에 통아가 걸려 안정적으로 시위를 떼는 것이 부자연스러워진다. 철전은 앞으로 한걸음 뛰어 나가며 발시하기 때문에 이 과정에서 줌손 쪽에 고정한 화살끝부분이 흔들리게 되어 이를 보강하기 위하여 활장갑을 사용한 것이라 판단된다. 만약 도약시 줌손 부분의 화살촉부분이 흔들리면 철전의 발시방향이 바뀌게 되어 사고가 날 가능성이 높다.

사진 6_ 철전의 용약사법 踊躍射法 연속 사진[63]

히 당겨내지 못하면 몸이 앞으로 꼬꾸라지고 만다.

따라서 힘이 부족한 사람의 경우 앞서 설명한 '조근대助筋帶' 를 자신의 발에 묶어 등 뒤를 넘어 어깨 쪽으로 연결시킨 후 시위를 잡아당기는 깍지손이 버틸 수 있도록 불법도구를 사용하여 무과시험을 치르기도 했던 것이다.[64]

---

63 좌측의 사진은 지난 2006년 4월 29일 아산 이순신축제시 진행된 무과전시 재현에서 필자가 철전을 용약사법으로 재현한 모습이다. 그리고 우측의 사진은 웅진 월간 『생각쟁이』, 〈천하제일 조선의 무기, 활〉 특집호, 2011년 10월호(NO. 155)에 실린 철전 용약사법 연속사진이다.

64 조근대는 발바닥부터 끈을 연결하여 도약시 뒷발을 눌러 줌으로써 등 뒤와 어깨에 보조되는 근육 혹은 힘줄을 만들어주는 역할을 한다. 그 끝은 시위를 당기는 깍지 손으로 연결해야 했기에 『五洲衍文長箋散稿』의 조근대변증설에서 '품속을 뒤져' 찾는다고 했던 것이다. 만약 깍지손이 오른손이라면 끈을 오른발에 묶어 등 뒤쪽으로 타고 올려 오른 어깨 위 즈음에서 깍지 손이 붙잡을 수

4. 조선시대 풍속화를 통해 본 철전의 특성

이렇듯 육량궁을 이용하여 철전을 쏘는 기법은 조선시대에도 상당히 어려운 기술로 손꼽혔다. 특히 앞서 설명한 것처럼 무과시험 중 보사에서 가장 어려운 시험이었기에 보통 무과시험을 준비하는 한량閑良은 철전을 수시로 익혀야 했다. 조선시대 철전과 관련한 풍속화 중 몇 가지를 살펴보며 철전의 특성에 대하여 좀 더 살펴보면 다음과 같다.[65]

〈그림 4〉는 김홍도의 풍속화의 일부로 이중 우측 하단의 갓을 쓴 한량의 허리춤에 찬 활과 활장갑이 육량궁과 철전장갑으로 추측된다. 먼저, 일반 활에 비해 고자부위가 길며, 시위를 물고 있는 양양고자가 크고 깊다. 이러한 형태는 활이 큰 육량궁에서 나타나는 일반적인 특징이기도 하다. 또한 허리에 찬 활장갑과 어깨에 걸칠 정도로 굵은 화살 하나를 걸치고 있는 모습이 철전임을 알 수 있게 한다.

다음의 두 번째 풍속화(그림 5)를 통해 철전의 형태적 특성을 좀 더 자세히 살필 수 있을 것이다.

있도록 만든 것이다. 이에 대한 그림 설명은 다음 장에서 언급한다.
65 철전에 관한 풍속화 연구는 이건호, 「육량전 소고」(『국궁논문집』 10집, 온깍지 궁사회, 2018, 1~22쪽)를 참고한다.

그림 4_ 김홍도, 〈행려풍속도 가두매점
(行旅風俗圖 街頭買点)〉 중 일부[66]

---

[66] 金弘道 行旅風俗圖는 현재 프랑스 기메박물관 소장되어 있다. 8폭 병풍으로 구성되었으며, 가두매점은 그 중 한 면에 해당하며 당대 일상사의 모습을 잘 담아내고 있는 김홍도의 작품이다. 좌측은 기메박물관의 원본이며, 우측은 한국 작가들에 의해 모사 복원된 선명한 작품(국립민속박물관) 중 일부이다.

그림 5_ 신윤복 〈계변가화 溪邊街話〉 중 일부
(간송미술관 소장)

위의 〈그림 5〉의 풍속화는 신윤복의 작품으로 좌측 갓을 쓴 한량의 활과 화살이 육량궁과 철전임을 추측할 수 있다. 앞서 설명한 것처럼, 자신의 키에 버금갈 만큼 일반 각궁에 비해 큰 길이에 고자부위가 길며 단 한 개의 굵고 긴 화살을 가지고 있다.[67]

특히 화살에서 가장 중요한 것이 발사시 화살의 안정적인 궤도 확보를 위해 세장의 화살깃을 부착하는데, 철전에는 화살깃을 붙이지 않는다 하더라도 비행에 문제가 없기에 깃을 제거한 화살을 사용한다.[68]

그리고 유엽전柳葉箭을 비롯한 일반 화살의 경우 여러 개의 화살을 허리에 끼워 사용하는 방식이었지만, 철전의 경우는 워낙 귀한 화살로 분류되어 "육량전의 경우는 민간에 없을뿐더러 각 고을에 원래 한 개도 없고 병영에 다만 10여 개가 있으나 또한 모두 파손되어 얽어매어 사용한다"[69]라는 기록이 있을 정도였다.

---

67 당시 청나라의 활이 철전을 쏘는 육량궁처럼 컸기에 연행사들이 종종 우리나라의 육량과 비슷하다라는 기록을 자주 남겼다(『湛軒書』外集 10卷, 燕記 兵器. "弓制甚大 如東國六兩之弓";『燕行錄選集』「赴燕日記」主見諸事, 人物. "武夫專使弓鎗 倡戱之習 亦善鎗劍 亦嘗觀習射者 弓制如我國之六兩大弓 元無小者 而彎之弓力甚輕矢不精利.").

68 실제 철전을 발사해 보면 화살이 아닌 마치 투창처럼 화살이 날아간다. 따라서 화살의 깃이 없더라도 촉의 무게가 6량으로 무겁기에 그냥 던져도 창처럼 날아가는 방식이었다. 실제 6량의 무게로 복원하여 발사했을시 비행에는 문제가 없었다. 『世宗實錄』軍禮나 『國朝五禮序例』의 兵器圖說에는 철전의 화살깃이 보이지만, 활장갑을 사용하면서 저항을 최소화하기 위해 철전의 깃을 제거한 것으로 추측된다.

69 『藥泉集』「藥泉年譜」2卷, 年譜 44世 壬子年 6月 條(1672, 顯宗13). "六兩箭則 非但民間之乏 各邑元無一箇 兵營只有十餘 而亦皆破折."

이처럼 철전이 귀하였고, 무게를 줄인 가벼운 철전으로 시험 볼 수 있었기에 개인의 사전私箭이 아닌 관전官箭으로 무과시험을 비롯한 각종 취재取才를 위해 한두 개만을 사용하는 것이 일반적이었던 것으로 판단된다.

마지막으로 철전의 독특한 사법과 함께 조근대의 활용법까지 함께 설명하면 다음과 같다.

다음 <그림 6>에서 보는 바와 같이, 당기고 있는 활이 일반 활에 비해 크고 사용하는 화살의 두께가 두껍고 독특하게 화살 깃이 보이지 않는다. 특히 그림에 활을 당기고 있는 사람은 우집궁자로 좌궁左弓에 해당한다. 그 활을 쥔 손이 비정상적으로 크게 그린 것은 철전을 쏠 수 있는 활장갑을 끼고 있기 때문이다. 이는 줌손의 손목 부분을 보면 장갑을 낀 것임을 알 수 있다.

현재 그림은 왼발이 앞쪽으로 나가있는 상태이며, 이후 오른발이 나아가며 도약하여 다시 왼발이 앞으로 나가게 된 후 시위를 가득 당기게 되는 것이다. 이때 그림의 화살표 방향으로 발목부터 등을 지나 어깨까지 연결된 부위에 '조근대'라는 끈을 묶어 화살을 당기는 깍지 손으로 당기게 된다. 만약 이렇게 조근대를 활용할 경우 활을 쥔 줌손(앞손)만 밀어 낼 수 있다면, 시위를 당기는 깍지 손은 자연스럽게 다리 힘을 이용하여 시위를 당길 수 있게 되는 것이다. 이런 이유로 인해 조근대助筋帶를 '품속을 뒤져서' 찾는다고 했던 것이다.

이처럼 조선만의 독특한 활문화로 정착된 철전은 조선말기에 급속도로 쇠락하였다. 특히 지방 속오군束伍軍의 허설화와 함

그림 6_ 김홍도의 활쏘기 풍속화 중 철전사법의 특징과 조근대(助筋帶) 활용법

께 철전뿐만 아니라 편전까지도 훈련하는 사람들이 드물어졌
다.[70] 이후 무과시험이 공식적으로 폐기된 고종대高宗代에 철전
과 편전 등 특수 활쏘기는 완전히 사멸하였다.[71]

---

70   『全羅兵營啓錄』 高宗 28年(1891) 2月 15日.
71   최형국, 「일제강점기 조선의 전통 활쏘기(국궁) 현실과 발전 - 『朝鮮의 弓術』을
     中心으로」, 『무예연구』 13-3호, 한국무예학회, 2019.

마지막으로 조선시대 철전 사용의 의미를 다시 한번 전체적으로 짚어보면 다음과 같다. 조선을 대표하는 무예는 활쏘기였다. 특히 무과시험의 시행이라는 국가적인 관료체제 구축에서 양반兩班의 한 축인 무반武班 즉 무인을 양성하기 위한 시험에서 활쏘기는 절대적인 위치에 있었다.

　　이는 조선이 유교를 건국이념으로 삼아 불교와 대응할 수 있는 새로운 담론화의 장을 만들기 위해 펼쳤던 의례적 표상확립과 맞물려 있었던 것이다. 다른 무예와는 다르게 활쏘기는 육예六藝의 하나로 글 쓰는 문인文人들도 익혀야할 가장 기본적인 정신수양이자 몸 기르기 문화였기에 그 의도를 가장 잘 반영하고 있었던 것이다.

　　그 활쏘기 중 육량궁을 당겨 철전 쏘는 기법은 무과시험에서 가장 어려운 종목이자 무인의 힘을 시험하는 가장 중요한 과목이었다. 조선전기부터 조선말기까지 500여년의 시간동안 꾸준하게 시험과목으로 지정된 활쏘기의 핵심이었다. 무인으로 출세하기 위해 당상관이 되기 위해서는 한 달에 한번 있는 시사試射에서 반드시 철전과목을 통과해야 했기에 끊임없이 수련해야할 과목이 철전이었다.

　　이렇듯 조선의 무과시험에서 철전을 비롯한 다양한 활쏘기가 오랜 기간 동안 집중적으로 시행된 두 번째 이유는 전술적 이용가치 때문이었다. 임진왜란을 거치면서 조총이라는 무기가 새롭게 부각되고, 이후 다양한 화약무기들이 개발되고 발전했지만, 그 한계성은 여전하였다.

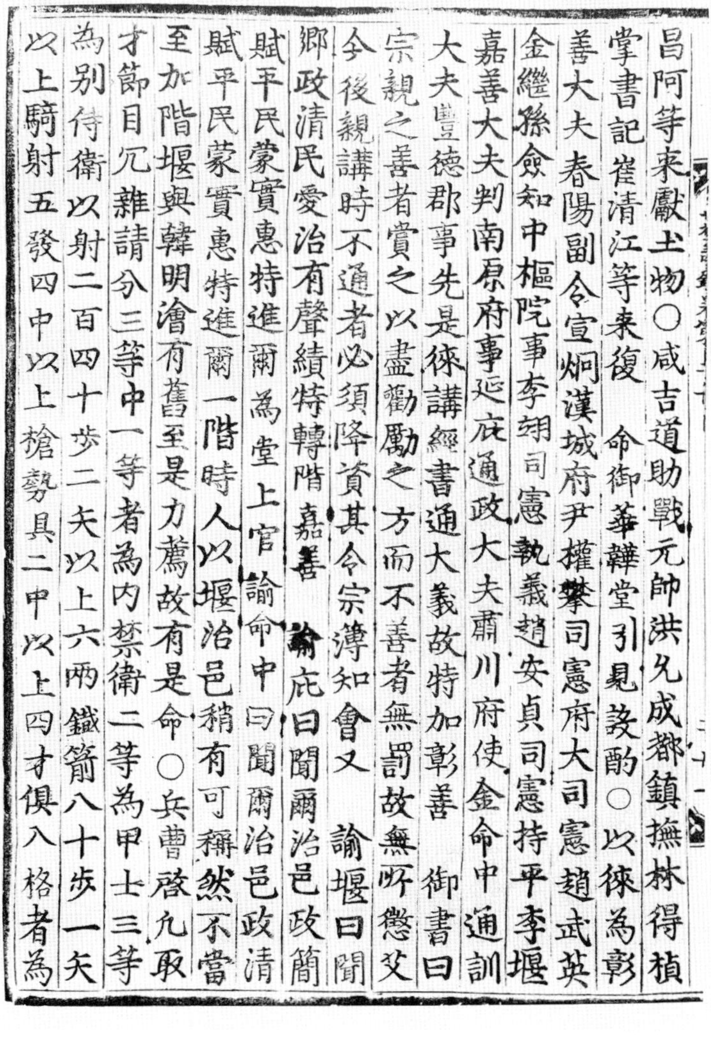

昌阿等來獻土物○咸吉道助戰元帥洪允成都鎮撫林得楨
掌書記崔淸江等來復　命御華韓堂引見爰酌○以徠為彰
善大夫春陽副令宣炯漢城府尹權攀司憲府大司憲趙武英
金繼孫僉知中樞院事李翔司憲執義趙安貞司憲持平李堰
今後親講時不通者必須降資其令宗簿知會又
宗親之善者賞之以盡勸勵之方而不善者無罰故無畏懲乂
大夫豊德郡事徐講經書通大義故特加彰善　御書曰
嘉善　諭庇曰聞
卿政清民愛治有聲績特轉階嘉善　諭庇曰聞爾治邑政簡
賦平民蒙實惠特進爾為堂上官諭命中曰聞爾治邑政清
賦平民蒙實惠特進爾一階時人以堰治邑稍有可稱然不當
至加階堰與韓明澮有舊至是力薦故有是命○兵曹啓九取
才節目宂雜請分三等中一等者為內禁衛二等為甲士三等
為別待衛以射二百四十歩二夫以上六兩鐵箭八十歩一夫
以上騎射五發四中以上槍勢具二中以上四才俱入格者為

그림 7_ 「세조실록」의 철전관련 기사(왼쪽에서 두 번째 세로 줄 하단)
군사들의 승급시험인 취재에서 철전은 80보에 1矢만 맞아도 합격으로 인정하였다.

발사 후 재장전의 문제나 눈이나 비바람과 같은 급격한 일기변동에 화약무기보다는 활이 안정적으로 대응 할 수 있는 무기였기에 철전과 같이 무인의 힘을 시험하는 것은 전술전개의 핵심 사안이기도 했다.

그러나 철전은 일반사람들은 당기기조차 힘든 육량궁이라는 강한 활을 사용해야 했기에 신체적인 무리가 많이 오는 훈련이었다. 특히 젊은 시절 과도하게 철전을 연습하여 나이가 든 후에는 어깨와 팔에 무리가 되어 약한 활조차 당기지 못하고 심하면 죽음에까지 이르게 하는 고통스런 훈련이었다.

힘이 좋은 무인들도 제자리에 서서 당기기 어려워서 앞으로 한번 도약하여 활을 당기는 소위 철전의 '용약사법踊躍射法'은 어찌 보면 조선만의 가장 독특한 활쏘기 문화 중 하나였다. 특히 앞으로 도약하는 과정에서 출전피에 물려 놓은 철전이 탈락하는 현상을 방지하기 위하여 사용한 활장갑은 선조들의 지혜를 엿볼 수 있는 귀중한 문화이기도 하다.

이런 훈련을 피하기 위하여 대사代射를 비롯한 차사借射는 물론이고 시관試官을 매수하여 부정으로 철전시험에 합격하기 위해 벌였던 사건들은 비단 과거의 일로 그치는 것이 아니라 오늘에도 유사한 일이 벌어지기에 한 번 더 눈여겨 볼만한 내용이다.

특히 조근대助筋帶라는 보조도구를 이용해서라도 철전시험에 합격하기 위해 공을 들였던 선인들의 모습 속에서 입신과 출세의 욕망이 당시에도 얼마나 강렬했는지 충분히 이해가 된다.

결론적으로 철전은 조선의 무과시험을 대표하는 활쏘기이

자, 무인으로서 출세하기 위한 가장 중요한 시취과목이었다. 조선초기 『경국대전經國大典』의 완성 때부터 무과시험이 폐지되는 고종대高宗代까지 철전은 무인이 수련해야할 필수 무예였다.

그러나 조선말기 이양선의 침입을 비롯한 외부적 압박에도 조선은 지나치게 활쏘기에 매몰되어 신무기의 개발이나 그것을 이용한 새로운 전술발전에 노력을 기울이지 못했던 당대의 때늦은 현실을 반영하고 있기도 하다.

앞으로 우리의 전통 활 문화가 더 발전하고 많은 사람들이 수련하려고 한다면, 철전이나 편전을 비롯하여 다양한 거리의 옛 활쏘기 문화를 보다 적극적으로 복원하고 수용하여야 할 것이다.

04

『임원경제지』 속
양반의 활쏘기 수련법과 그 문화

1. 활쏘기는 조선시대 양반에게 어떤 의미였는가?

활쏘기는 조선의 군사전술을 대표할만한 무예였다. 조선군
의 전술이 산성에 웅거하거나 진법陣法을 구축할 때에도 원거리
의 적을 활쏘기를 통하여 먼저 요격한 후 근접전을 치르는 방식
이었기에 궁수는 부대 편제에서도 가장 많은 비중을 차지하였
다. 조선초기에 새롭게 무관 등용을 위하여 정착된 무과시험에
서도 활쏘기는 핵심과목이었다.

예를 들면 지방에서 치러지는 무과를 위한 향시鄕試의 초시
과목에는 이론시험은 없는 대신 목전木箭, 철전鐵箭, 편전片箭, 기
사騎射, 기창騎槍, 격구擊毬 등 모두 6과목의 실기시험을 합격해야
만 복시覆試를 볼 수 있는 자격이 주어졌다.[1]

목전·철전·편전은 보병들이 익히던 보사步射에 해당하고,

기사騎射는 말달리며 활쏘기를 하는 것이기에 기병들이 익혔던 마사馬射였다. 이처럼 무과시험에서 활쏘기는 보사와 마사를 아울러 무관으로서 가장 먼저 익혀야할 필수 무예였다.

임진왜란을 거치면서 조총을 비롯한 화약무기가 전장에 대거 투입된 이후에도 활쏘기는 여전히 조선군의 주력 전술이었다. 임란 중 설치된 훈련도감의 부대편제는 총銃과 포砲를 다루는 포수砲手, 창검槍劍을 비롯한 단병접전 무기를 운용하는 살수殺手, 마지막으로 활을 쏘는 사수射手로 구성되었다.

포수와 살수는 임란을 극복하기 위하여 새롭게 추가한 병종이었지만, 사수의 경우는 전통적인 병종으로 그대로 활용된 모습을 확인할 수 있다.

특히 단병접전을 위한 살수殺手의 경우도 기본적으로 궁대와 시복을 비롯한 동개를 패용하고 원거리 사격에 보조인원으로 활용되었기에 활쏘기는 보병의 과반이 넘는 숫자가 배워야할 필수 무예로 인정받았다. 이러한 이유로 한중일 동양 삼국이 맞붙은 전장인 임진왜란의 전술평가에서 조선은 활, 중국은 창, 일본은 조총이 가장 뛰어나다는 인식이 각인되었다.[2]

활쏘기는 군사들의 전술활용을 위한 무예훈련 뿐만 아니라, 유학자들이 기본적으로 익혀야할 육예六藝 중 하나로 예와 덕을

---

1   최형국, 「조선시대 騎射 시험방식의 변화와 그 실제」, 『中央史論』 24집, 중앙사학연구소, 2006, 36~39쪽.
2   『武藝圖譜通志』卷4, 棍棒 條 (案) "壬辰之難 三國精銳盡萃一時 中國之長槍 我國之片箭 倭之鳥銃 始有名"; 李睟光, 『芝峰類說』 雜技 篇.

기르는 수단으로도 활용되었다.[3] 오례五禮 중 하나인 군례軍禮의 대사례大射禮 의식은 국왕이 신하들과 함께 활쏘기를 하며 붕당 간의 갈등을 봉합하거나 군신간의 충심을 확인하는 의례로 안 착될 만큼 매우 중요한 의식이었다.[4]

그리고 지방에서는 향사례鄕射禮라고 하여 향촌사회의 교화 내지 결속의 수단으로 활쏘기가 자리 잡아 중앙은 물론이고 지 방까지 활쏘기를 통한 다양한 정치행위들이 전개되었다.[5]

이처럼 활쏘기는 무예 훈련과 의례 활용을 통해 조선시대 전반에 걸쳐 가장 보편적으로 행해졌던 몸 문화였다. 특히 18세 기의 활쏘기 방식은 전통시대의 마지막 원형적인 모습을 보여 주고 있다.

이는 19세기로 접어들면서 전장에 대구경 화포 중심의 전술 개발 및 다연발 총의 개발과 더불어 외세의 영향으로 인해 사법 의 변화와 궁수의 소멸 현상이 현저하게 나타났기 때문이다.[6] 또한 조선시대 활쏘기의 실기적 모습을 담고 있는 병서인 『사

3   심승구, 「조선시대 무과에 나타난 궁술과 그 특성」, 『학예지』 7집, 육군박물관, 2000, 83~84쪽.
4   강신엽, 「朝鮮時代 大射禮의 施行과 그 運營 -『大射禮義軌』를 중심으로」, 『조 선시대사학보』 16집, 2001, 1~8쪽; 신병주, 「영조대 대사례의 실시와 『대사례 의궤』」, 『한국학보』 28권, 일지사, 2002, 63~75쪽.
5   鄕射禮는 鄕飮酒禮와 더불어 향촌사회의 풍속을 교화시키기 위하여 정착된 의 례이다. 『世宗實錄』 「五禮儀」 중 鄕射儀, 鄕飮酒儀가 실려 있을 정도로 국가에 서 지방의 지배력을 공고히 하기 위하여 의도적으로 정착시킨 의례에 해당한다.
6   최형국, 「19세기 화약무기 발달과 騎兵의 변화」, 『軍史』 82호, 국방부 군사편 찬연구소, 2012.

그림 1_ 조선후기 무신인 이창운(1713~1791)이 군복을 입은 모습을 그린 초상
왼쪽 옆구리에 환도를 패용하고, 오른손에 등채를 쥐고 있다. (이건일 개인소장)

법비전공하射法秘傳攻瑕』를 비롯하여 의례적인 모습을 담고 있는
『대사례의궤大射禮儀軌』와 『임원경제지林園經濟志』의 「향례지鄕禮志」
향사례鄕射禮 · 「유예지遊藝志」 사결射訣 등이 남아 있어 당시의 모
습을 온전하게 확인할 수 있다.[7]

　풍석楓石 서유구徐有榘[8]가 쓴 『임원경제지林園經濟志』에 수록된

7　현재 전통시대 활쏘기에 대한 연구는 문헌적 연구를 중심으로 이뤄졌다. 대표
　적으로 국립민속박물관이 『한국무예사료총서』 연속 간행물의 일부로 해제가
　진행되고 있는 상황이다. 그 연속간행물 속에 『射法秘傳攻瑕』(14권), 『朝鮮의
　弓術』(15권), 조선시대 대사례와 향사례(16권) 등이 발간되어 전통시대 활쏘기
　의 모습을 보다 쉽게 접근할 수 있게 되었다. 『사법비전공하』의 경우는 正祖
　代 평양감영에서 군사들의 활쏘기 훈련을 위하여 펴낸 책이고, 『조선의 궁술』
　은 일제강점기인 1929년에 서울지역의 활쏘는 사람들이 모여 만든 '조선궁술
　연구회'를 중심으로 李重華가 쓴 것이다. 『사법비전공하』는 중국의 병서인 『무
　경칠서휘해』의 내용을 상당부분 요약한 부분이 많고, 『조선의 궁술』은 궁술의
　쇠퇴기였던 일제 강점기 서울지역의 민간 인사들을 중심으로 책이 만들어졌기
　에 전통 활쏘기를 모두 담고 있다고 하기에는 한계가 있다. 다만 활쏘기의 핵
　심 요결은 서로 닮은 부분이 많아 본문에서 이 3개의 사료를 간략히 비교하고
　자 한다.
8　徐有榘(1764~1845)는 본관은 達城이고, 자는 準平, 호는 楓石이다. 조선후기의
　문신으로 관찰사, 이조판서, 우참찬을 거쳐 대제학에 이르렀다. 고조부인 徐文
　裕가 예조판서를 역임했고, 증조부인 徐宗玉이 이조판서, 조부인 徐命膺이 대
　제학을 지냈다. 종조부 徐命善이 영의정을 역임했던 명문가문의 출신이다.
　1790년 문과에 급제한 후 관직을 두루 거쳤다. 이후 1806년 仲父 徐瀅修가 유
　배된 것을 계기로 정계에서 물러나 『林園經濟志』를 저술하게 된다. 당시 향촌
　에 은거하며 주변에서 일어난 일과 각종 문헌자료를 정리하여 1827년(순조
　27)에 이 책을 완성하게 되었다. 도서명에서도 알 수 있듯이 '林園'은 전원생활
　즉 농촌생활을 의미하여 향촌사회에서 사대부가 자족적인 생활을 영위할 수
　있는 다양한 백과사전적 지식을 모아 놓은 책이다. 이 책에 대한 선행연구는
　다음과 같다. 안대회, 「林園經濟志를 통해 본 徐有榘의 利用厚生學」, 『韓國實
　學硏究』, 민창문화사, 2006; 염정섭, 「『林園經濟志』의 구성과 내용」, 『농업사연
　구』 제8권, 한국농업사학회, 2009; 조창록, 「『임원경제지』의 찬술 배경과 類書
　로서의 특징」, 『진단학보』 제108호, 진단학회, 2009; 심경호, 「『임원경제지』의
　문명사적 가치」, 『쌀삶문명연구』 2권, 쌀 · 삶문명연구원, 2009. 등이 있다. 그리
　고 활쏘기의 경우 조창록, 「조선시대 대사례와 향사례 - 활쏘기의 의식과 실제」

사결射訣에는 당시 활쏘기를 수련하는 방식을 비롯하여 사법射法을 고치는 방법과 활쏘기와 관련된 기구의 사용법까지 담고 있어 가장 체계적인 사료로 인정받고 있다.

또한 서유구徐有榘는 단순히 문헌위주 이론서의 형태로 활쏘기 방식을 정리한 것이 아니라, 실제 자신이 활을 배우는 과정에서 활쏘기에 대한 다양한 정보를 모아 체험적인 부분에 중점을 두고 글을 전개하였기에 실기사적인 의미가 크다고 할 수 있다.[9]

지금까지 활쏘기에 대한 대부분의 연구는 몸 문화의 연장선에서 살펴보아야 함에도 불구하고 활에 대한 기본적인 이해와 실기적인 경험 없이 사료 연구에만 매몰되어 왔다.

이런 문제로 인하여 농업사를 연구하는 학자가 이랑과 고랑을 구분하지 못하여 원사료의 잘못된 이해를 통해 물이 흘러가는 고랑에 작물들을 재배하는 방법을 연구하는 식의 근원적 오류가 발생했던 것이다.[10]

(『한국무예사료총서』 XVI, 국립민속박물관, 2009)이 있는데, 이 연구는 주로 원문 번역에 초점을 두고 진행하여 활쏘기 수련과 관련된 실기사적인 연구는 소략한 상태다.

9   『楓石全集』 卷2, 「鶴西學射記」.

10 이러한 대표적인 오류가 『朝鮮王朝實錄』 번역에서도 자주 등장한다. 보통 현재 활쏘기를 구분할 때 左弓과 右弓으로 나눈다. 활을 잡는 손을 기준으로 오른손으로 활을 잡으면 左弓, 왼손으로 활을 잡으면 右弓이라 부르는 것이다. 이는 실제로 화살을 당기는 깍지손이 반대손이기에 붙여진 명칭이다. 그런데 해석을 보면 좌궁은 왼손으로 활을 잡고, 우궁은 오른손으로 활을 잡는 것으로 설명되어있다. 여기에 左射와 右射라는 표현이 함께 등장하는데, 左射는 左執弓者로 右弓을 말하며, 右射는 右執弓者로 左弓을 의미한다. 심지어 좌궁과 우궁에 따라 무과시험에서 騎射시 표적의 위치가 달리 배치되어 있음에도 이에 대한 해석이 불분명하게 되어 있다.

따라서 본 장에서는 『임원경제지林園經濟志』「유예지遊藝志」에 수록된 사결射訣을 실제 수련을 바탕으로 한 몸 문화의 관점에서 분석하여 18세기 활쏘기 수련방식과 그 무예사적 의미를 살펴보고자 한다.

그리고 『사법비전공하射法秘傳攻瑕』와 『조선의 궁술』 중 사법요결射法要訣에 해당하는 부분을 서로 비교하여 전통 활쏘기의 보편적 특성을 살펴보고자 한다.

2. 『임원경제지』 저술 배경과 활쏘기에 대한 인식

『임원경제지』는 향촌에 내려와 자연과 벗 삼아 살아가는 사대부의 삶을 안정적으로 유지하기 위한 다양한 내용이 담겨 있다. 그 중 가장 핵심이 되는 농사일, 화훼와 수목을 재배하는 일, 향약鄕藥을 활용한 구급처방을 비롯하여 향촌 사회의 의례 및 여가활동 등 경제활동부터 의례에 이르기까지 다른 누군가가 쉽게 찾아 볼 수 있도록 백과전서의 형식으로 만들어졌다.[11]

모두 16부部로 항목을 분류하여 각각의 항목에 따라 세부 내용을 나눠 정리하였는데, 활쏘기 수련과 관련된 사결射訣은 그 중 13부의 「유예지遊藝志」에 독서법讀書法, 산법算法, 서벌書筏, 화

---

11 신영주, 「『이운지』를 통해 본 조선 후기 사대부가의 생활 모습」, 『한문학보』 13집, 우리한문학회, 2005, 388~399쪽.

전畵筌, 방중악보房中樂譜와 함께 실려 있다.

서유구가 향촌사회 생활에 필요한 농업이나 의례 등을 다양하게 연구할 수 있었던 가장 큰 배경에는 경화세족京華勢族으로 자리잡은 가문의 영향이었다.

대표적으로 조부인 서명응徐命膺[12]의 경우는 대제학大提學을 거쳐 상신相臣의 반열에 오르고 봉조하奉朝賀까지 지낸 관력이 높은 인물이었지만, 농업農業이 모든 것의 근본이라는 의미로 『본사本史』라는 농업서를 직접 썼고, 천문학과 수리학에 능통한 이용후생적인 학문기풍을 확립하였다.

또한 그의 아버지인 서호수徐浩修[13]의 경우도 농업서인 『해동농서海東農書』와 하늘의 별자리를 연구한 천문서인 『신법중성기新法中星記』 등 다양한 저술활동을 전개한 북학파로 대표될 정도로 실학과 관련된 업적이 많았으며, 규장각奎章閣의 각종 편찬사업에 중추적 역할을 담당하였다.

12　徐命膺(1716~1787)은 영조 30년(1754)에 증광문과에 병과로 급제해 부제학·이조판서를 거친 뒤, 청나라 연경에 사행하여 다녀왔을 정도로 관력이 좋았다. 특히 정조가 동궁에 있을 때 賓客으로 초치되어 학문 수련에 큰 영향을 끼쳤다. 정조 즉위 직후 규장각이 세워졌을 때 提學에 첫 번째로 임명되었으며, 죽을 때까지 규장각 운영에 핵심적인 역할을 담당하였다.

13　徐浩修(1736~1799) 영조 32년에(1756)에 생원이 되었고, 1764년 七夕製에 장원했으며 이어 다음 해 식년문과에 다시 장원을 하였다. 1770년에는 영의정 洪鳳漢과 함께 『東國文獻備考』의 편찬에 참여하였다. 이후 1776년 정조가 즉위하자 都承旨에 임명되어 왕의 측근이 되었다. 특히 정조의 문집인 『弘齋全書』의 기초가 된 『御製春邸錄』의 간행을 주관하였으며, 두 번의 燕行使臣으로 발탁되어 청나라의 다양한 서적과 문물을 도입하는데 결정적인 역할을 담당하였다.

특히 조부인 서명응이 『본사本史』를 저술할 때 손자인 서유구에게 글공부를 가르치며 그 책의 일부를 직접 작성토록 하기도 하였다.[14] 다음의 사료는 서명응이 서유구에게 농사의 중요성을 깨우치게 하기 위해 서문격으로 쓴 「발본사跋本史」의 마지막 문장이다.

> (1) 하물며 『본사』를 저술함은 대개 세상의 어리석은 백성들로 하여금 책의 한 항목을 한 번 펼쳐 보면 씨를 뿌리고 나무 심는 법을 환히 깨달아서 현장에 실제로 쓰이고자 한 것이다. 그런데 만약 어렵고 난삽한 말을 써서 글을 읽는 사람들로 하여금 재갈을 물린 듯 해석하기 어렵게 만든다면, 후세에 글을 잘 모르는 사람이 이것을 장독을 덮게 될까 두려운 것이 된다.[15]

위의 사료에서 확인할 수 있듯이, '이 농서를 쓴 목적은 오로지 나무 심고 가꾸는 법을 환히 알 수 있도록 하는데 있으므로, 어렵고 난삽한 말을 써서는 안된다'라고 하며 실용성을 주안점으로 삼아 책을 편찬한 것을 알 수 있다. 이러한 조부의 가르침으로 인해 서유구 또한 현장에서 실제 적용 가능한 실학적인 방

---

14 조창록, 「서유구의 학문관과 『임원경제지』의 글쓰기 방법」, 『쌀삶문명 연구』 2권, 쌀·삶문명연구원, 2009, 95~96쪽.
15 『楓石全集』楓石鼓篋集 卷第六, 雜著, 「跋本史」, "況本史之作 蓋欲使天下之愚夫愚婦 一開卷之頃 霈然通曉 其種植樹埶之法 以施之實用 今爲艱深幽澁之語 使讀者如鉗在口 則吾恐後世無文者 將以是覆醬瓿."(『本史』「跋本史」)

그림 2_ 조선후기 민화인 〈책가도〉에 등장하는 동개
기사용 동개궁은 일반 활보다 크기가 작으며, 사용하는 화살의 깃이 넓은 대우전 방식을 사용하였다. (국립부
산박물관 소장)

식의 농서를 고민하게 되었다.

　서유구의 경우는 젊은 시절 지방의 관리생활을 하면서 농업과 관련한 다양한 현장 경험을 쌓을 수 있었다. 그의 나이 35세에 순창군수로 있을 때 농사를 권장하고 농서農書를 구하기 위하여 정조正祖가 반포한 「권농정구농서윤음勸農政求農書綸音」을 접하고,[16] 당대에 개혁해야할 농업정책과 농업과 관련한 실용적인 내용을 담은 「순창군수응지소淳昌郡守應旨疏」라는 상소를 올리게 된다.[17] 서유구는 이 상소에서 각도各道 단위로 농학자를 한 사람씩 두어 각기 그 지방의 농업 기술을 조사, 연구하는 것을 기본정책으로 추진해야 한다고 하였다.

　특히 조선 팔도는 각 지역마다 현장의 기후나 생활풍속이나 농업기술 등이 다르기에 현지의 농부에게 각 지역의 풍토, 생산작물, 파종시기, 경험을 세세히 정리하여 중앙으로 보고하게 한 후 이를 규장각奎章閣에서 수합하여 지역에 맞는 농서를 편찬하자고 제안하였다.[18]

　당시 서유구 이외에도 당대 농업에 관심을 두고 있던 여러 관리들이 다양한 농업개혁과 농업 신기술을 담은 상소를 올려 농정農政의 중요성을 다시금 되새김질 하는 계기가 되었다.[19]

16　『弘齋全書』卷二十九, 綸音四, 「勸農政求農書綸音」.
17　『楓石全集』金華知非集 卷第一, 上疏, 「淳昌郡守應旨疏」.
18　김문식, 「서유구의 생애와 학문」, 『풍석 서유구 탄생 250주년 기념 학술대회 - 풍석 학술대회 발표자료집』, 임원경제연구소, 2014, 27~28쪽.
19　『正祖實錄』卷50, 正祖 22年 11月 30日, 己丑條.

일영은 조선시대 훈련도감(訓鍊都監) 소속의 궁궐 숙위부대의 하나로 훈련도감(訓鍊都監)의 분영(分營)이었다. 경
궁(慶熙宮) 무덕문(武德門) 밖, 지금의 사직동에 있었으며 청사건물은 전체 16칸이었다. (고려대박물관 소장)

이후 규장각 검서관으로 등용되어 국가적 편찬 사업에 참여
하면서 청나라의 서적을 비롯하여 다양한 고서를 열람할 수 있
게 되었다. 이 과정에서 초계문신들의 과강課講을 비롯한 답안
지를 모아 다양한 서적을 편찬하였고, 향례鄕禮에 근간을 이루는
향음주례, 향사례, 향약 등을 종합한 『향례합편鄕禮合編』과 당대
문란해진 문풍文風을 진작시키기 위하여 만든 『육영성휘育英姓彙』
등의 편찬 업무를 책임지면서 다양한 지식과 정보를 갈무리할
수 있었다.[20]

그리고 『향례합편鄕禮合編』의 경우는 서유구가 편찬을 책임
진 대표적인 책으로 권1에는 향음주례, 권2는 향사례와 향약,
권3은 사관례士冠禮와 사혼례士婚禮를 담고 있어 당대 향촌사회에
서 행해졌던 모든 의례를 집대성한 것이었다.

또한 단순히 목록만으로 정리하는 것이 아니라 향촌사회의
지배층이 해당 의례의 기원과 의미까지 확인할 수 있도록 각 의
례마다 『의례儀禮』, 『예기禮記』, 『가례家禮』 등 중국의 여러 예학
서와 『국조오례의國朝五禮儀』 등 우리나라 예학서의 원문과 주注
·소疏를 함께 싣고 백성들이 보고 실행하기에 편하도록 쉽게
풀이하고 있다.

위와 같이 서유구가 『임원경제지』에 담고자한 모든 내용들
은 가문으로 내려오는 가학家學의 연장선이었으며 규장각 각신

---

20 『正祖實錄』卷46, 正祖 21年 6月 2日, 辛未條.

으로 재임 중 편찬에 참여한 다양한 향촌 의례들을 집대성한 것
으로 볼 수 있다.

그 중 향촌사회의 의례와 여가활동에 해당하는 활쏘기는 향촌
사회에서 빼놓지 않고 수련해야 할 선비의 기본 수련 덕목이었으
며, 이와 관련한 의례인 향사례 역시 향음주례와 함께 향례의 근
본으로 생각했기 때문이다. 당시 활쏘기가 선비의 공부 중 기본
덕목으로 채택된 이유는 다음의 사료를 통해서 확인할 수 있다.

> (2) 공손추는 가르치고 배우는 일에 순서가 있음을 몰랐기 때문
> 에 도道란 높고 멀어서 행하기 어려운 것으로 여겼으므로, 맹자
> 가 활쏘기를 예로 들어서 비유하여 말했던 것입니다. 대저 활을
> 쏘는 자는 안으로 마음이 안정되고 밖으로 자세가 바르게 만들어
> 활과 살을 잡음이 확고하고 정확해야만 쏘면 반드시 명중합니다.
> 쏘아서 맞지 않더라도 자기보다 나은 자를 탓하지 않고 자기 자
> 신을 반성합니다.
>
> 학문을 하는 방법도 역시 이와 같습니다. 마음을 바루고 몸을
> 닦아야만 그 하는 말이나 행동이 모두 중정中正함을 얻습니다.
> 행하여 보아서 중정함을 얻지 못하면 다시 자신을 반성하여 보는
> 것이 진실로 학문하는 요결要訣인바, 활쏘는 일과 아무런 차이가
> 없습니다. …(중략)… 활쏘기를 익히면 몸의 자세가 바르게 되고
> 학문을 배우면 마음의 자세가 바르게 되는데, 마음의 자세를 바
> 르게 하는 도리는 달아나는 마음을 거두어들이는 공부에 있는바,
> 매우 어렵다.[21]

위의 이야기는 고종高宗과 강관講官 조성교趙性教가 경연에서 유학 공부와 활쏘기 수련의 유사점에 대해 나눈 내용 중 일부이다. 활을 쏘는 사람은 안으로는 마음이 안정되고 밖으로는 자세가 바르게 되어야만 활과 화살을 잡고 정확하게 보낼 수 있는데, 바로 학문하는 자세가 이러한 몸과 마음의 바른 상태를 유지해야 한다는 것을 활쏘기에 빗대어 설명하고 있다.

그리고 '반구제기反求諸己'라 하여 쏘아서 맞지 않으면 남을 탓하는 것이 아니라 자신의 부족함을 반성하는 계기로 삼아야 한다는 등의 학문하는 사람의 기본적인 마음가짐에 관한 이야기를 담아내고 있다.[22]

이런 이유로 활쏘기는 독서와 함께 향촌사회에 은거하며 산림에 묻혀 사는 사대부들에게는 가장 좋은 여가활용법이 될 수 있었다. 활쏘기 이외에도 「유예지遊藝志」에 실린 주자의 독서법을 중심으로 글 읽기의 방법과 순서에 대하여 소개한 독서법讀書法, 기초 수학에 해당하는 산법算法, 글씨의 다양한 서법에 대해서 소개한 서벌書筏, 그림에 대한 이해를 돕기 한 화전畵筌, 실내에서 듣기 좋은 음악을 수록한 방중악보房中樂譜 등은 향촌사

---

21 『承政院日記』高宗 7年 11月 30日 辛酉條. "公孫丑不知教學之有序 故以道爲高遠難行 而孟子以射喩之 夫射者 內志正 外體直 持弓矢審固 然後發必有中 發而不中 不怨勝己者 反求諸己 爲學之要 亦類是 正心修身 然後發之 言行無不得中 行有不得 反求諸身 此誠爲學之要 而與射者無異也. …(中略)… 射則正己 學則正心 正心之道 在收放心之工 甚難矣."
22 『孟子』「公孫丑」. "仁者如射 射者正己而後發 發而不中 不怨勝己者 反求諸己而已矣."

회 생활을 무력하게 보내지 않게 하기 위한 실질적인 내용을 담고 있다.

또한 활쏘기는 다른 여가 활용법과는 다르게 직접 몸을 수련하며 사대에 올라서 활을 내고, 자신이 쏜 화살을 찾으러 일정한 거리를 움직여야하기에 체력강화법의 일환으로도 활용되었다.

특히 서유구가 관직생활을 시작했던 때는 정조가 문무겸전론을 바탕으로 무풍武風 확산을 주도하여 기존 문무벌文武閥과의 단절을 통해 새시대의 새로운 인재를 찾고자 하는 인적쇄신의 기간이었다.[23]

이때 핵심적으로 등장하는 것이 바로 활쏘기였다. 활쏘기를 중심으로 당대를 읽어보면 다음과 같다. 정조는 무관武官뿐만 아니라 모든 당상관 이상의 문관文官들까지도 활쏘기를 강제로 교육시키려 하였다.

정조 자신 또한 단순히 입으로만 무武의 정신을 외치는 것이 아니라, 쉼 없이 활쏘기 수련을 거듭하여 거의 신의 경지에 달할 정도의 실력을 갖추게 되었다.

정조는 활쏘기에 대하여 "활쏘기는 육례六藝 가운데 하나이고, 또한 자기를 바로잡는 공부를 징험徵驗할 수 있는 것인데, 자기를 바로잡는 공부는 반드시 마음을 바로잡는 것에서 시작된다. 만사萬事와 만물萬物이 어찌 하나의 '心' 자에서 만들어지는

---

23 崔炳國, 「正祖의 文武兼全論과 兵書 간행 - 認識과 意味를 中心으로」, 『역사민속학』 39호, 한국역사민속학회, 2012, 101~120쪽.

사진 1_ 춘당대지영화당어사고풍 현판 春塘臺之暎花堂御射古風 懸板
1807년 10월 26일 순조가 춘당대의 영화당에 나아가 신하들과 함께 활을 쏜 기록을 현판에 새겨 넣었다.
정조를 닮아 순조도 활쏘기를 자주 하였다. (국립고궁박물관 소장)

것이 아니겠는가. 나는 일찍이 이것으로 스스로를 면려하였
다"[24]라고 이야기할 정도로 활쏘기를 모든 공부의 기본으로 생
각하였다.

예를 들어 기록을 살펴보면, 정조는 50발을 쏴서 49발을 명
중시킨 날이 모두 10번이나 되고, 100발을 쏴서 98발을 맞추기
도 했다.

또한 50발을 쏴서 48번, 47번, 46번, 41번을 맞춘 경우도 있
었으며, 심지어 장혁掌革이라고 부르는 손바닥크기의 과녁이나

---

24   『弘齋全書』卷176, 日得錄16, 訓語 3. "上御春塘臺 敎曰 射者六藝之一也 亦可
     以驗正己之工 而正己之工 必自正心始 萬事萬物 何莫非一心字做去耶 予嘗以此
     自勉."

곤방棍棒, 접선摺扇, 단선團扇 등 아주 작은 과녁에 5발을 쏴서 모두 맞춘 경우도 있는 등 정조의 활쏘기 실력은 뛰어났다.[25] 다음의 사료는 정조의 활쏘기에 대한 내력을 잘 보여주고 있다.

(3) "활쏘기의 묘미는 정신을 집중하는 데 있다. 그러므로 표적이 작을수록 정신이 전일專一해져서 비로소 작은 이 한 마리가 수레바퀴와 같이 크게 보이는 경지를 알 것이니, 이것이 진실로 삼매법三昧法이다." 하였다. 사예射藝는 곧 우리 집안의 법도이니, 다만 내가 천성으로 활쏘기를 좋아할 뿐 아니라 매번 노력하지 않을 수 없음을 생각하여 더욱 노력하였다.

어극御極한 뒤 근 20년 동안 일찍이 장화長畫에 활을 쏜 적이 없었는데, 금년에 마침 성조聖祖 태조太祖의 탄신으로 인하여 배도北道의 두 본궁本宮에 제품祭品을 봉진할 적에, 크신 공업功業에 감흥이 일어나 이날 다시 사예를 시험하여 40여 발을 명중시키고 며칠 지나지 않아 모든 화살을 다 명중시켜 마치 귀신이 도운 듯한 감이 있었으니 진실로 우연이 아니다.[26]

위의 사료에서처럼, 정조는 본인의 뛰어난 활쏘기 실력이

25   나영일, 「武人 朴齊家」, 『동양고전연구』 23집, 동양고전학회, 2005, 107~108쪽.
26   『弘齋全書』 卷176, 日得錄16, 訓語 3. "射之妙以神會之 故的逾小而神逾專 始知一蝨車輪 儘是三昧法 射藝卽我家法 非特予性喜射 每念其不敢不勉而加勉焉 御極以後近二十年 未嘗射長畫 今年適因聖祖誕辰 封祭品於北道兩本宮 起感於洪功大業 是日復試射藝 獲四十餘矢 不數日而獲全矢 有若神相之者然 良亦不偶."

선대부터 이어진 법도를 받고, 스스로 수련을 게을리 않은 노력의 결과물로 생각하고 있음을 알 수 있다.[27] 이러한 正祖의 뛰어난 활솜씨는 문무겸전론文武兼全論의 실질적인 바탕이 되었으며, 이를 통해 문신文臣들에 대한 압박을 가하는 것이 가능하였다.[28]

그리고 무신武臣들의 경우도 정조가 시사試射에 직접 참여하며 기강을 확립하였으며,[29] 오군문五軍門에서는 당상관堂上官 경우 나이 50세가 되어야 사강射講에서 면제되었고, 환갑을 넘어서야 활쏘기 시험을 면제받을 수 있었다.[30]

반면 당하관堂下官의 경우는 나이에 관여치 않고 시사試射를 계속하게 하여 활쏘기를 통한 무풍확산을 지속하여 나갔다. 그리고 이름 있는 무반武班가문의 자손이라 할지라도 잡기雜技로 관직에 입문한 경우 장수직將帥職에 오르지 못하도록 법률을 새롭게 제정하여 벌열閥閱에 관계없는 무관들의 실질적인 사기진작에 많은 도움을 주었다.[31]

---

27 壯勇營知彀官廳 御射古風記를 보면 이러한 正祖의 뛰어난 활쏘기 실력은 하늘이 내린 예능(天縱之藝)로 칭송받을 만큼 뛰어났으며, 이로 인해 금위무사들은 물론 문신들에게도 좋은 귀감이 되었음을 확인할 수 있다(『雅亭遺稿』 3卷, 文記 壯勇營知彀官廳 御射古風記).

28 특히 文事에만 능한 문신을 軍營에 잡아 두고 하루에 20巡(총 100발) 중 한 순에 1발은 맞혀야 풀어 주도록 하여 실질적인 압박으로서 충분했다고 판단된다. 또한 후술하겠지만, 『武藝圖譜通志』 편찬의 핵심인 李德懋와 朴齊家 역시 대표적인 文臣이지만, 이 兵書를 완성하면서 실제 무예를 익히도록 하여 단순히 이론으로써 그치는 '武'가 아니라 실전에 활용할 수 있는 '武'의 가치를 스스로 배울 수 있도록 하였다.

29 『正祖實錄』 卷11, 正祖 5年 2月 辛酉條.

30 『大典通編』 「兵典」 試取, 射講.

31 『大典通編』 「兵典」 京官職.

이러한 과정 속에서 서유구도 규장각 각신으로 근무 하는 동안 쉼 없이 활쏘기를 시험보아야만 했다. 다음의 사료는 무관 뿐만 아니라 규장각의 문신들도 활쏘기를 한 내용이다.

(4) 옛 성왕은 항상 활을 쏘았는데, 이 활쏘기는 셀 수 없이 많았다. 우리 성상 7년 계묘(1783)년 겨울에 승지와 사관, 각신 및 호위 무신들과 함께 춘당대에서 연회와 더불어 활쏘기를 진행하였다. 먼저 사사司射가 활쏘기를 알리고, 사궁射弓이 활쏘기와 관련된 여러 기물을 설치하고 거리를 재어 과녁을 펼쳤다. 음악을 연주하는 악공들은 악기를 설치하고 때가되면 종을 쳤다.

임금께서 어좌에 오르시면 경대부와 선비들이 활을 쏠 수 있도록 모두 소매를 걷어 올리며 깍지와 팔찌를 차고, 활을 집어 옆구리에 끼며 화살을 장전했다. 두 손을 맞잡아 읍을 하고 나뉘어 서는데, 좌우의 활쏘기 의례를 담당하는 사사와 함께 나란히 여섯명씩 짝을 이뤘다. 신하 서유린은 동쪽에, 신하 이한풍은 서쪽에 섰다. 이들이 성상을 모시고 제 일조가 되었다. 신하 정민시, 서유방은 동쪽, 신하 임률, 변성화는 서쪽에 서서 두 번째 짝이 되었다. 신하 박우원, 심풍지는 동쪽, 신하 이연필, 이문혁은 서쪽에 서서 세 번째 짝이 되었다. 신하 조상진, 이시수는 동쪽에 섰고, 신하 김희, 이신경은 서쪽에 서서 네 번째 짝이 되었다. 신하 서룡보, 조홍진은 동쪽에, 신하 권침, 서영보는 서쪽에 서서 다섯번째 짝이 되었다. 신하 이곤수, 서형수, 윤행임은 동쪽에 섰고, 신하 이영수, 이광익은 여섯 번째 짝이 되었다.[32]

위의 기록을 보면 연사례燕射禮라고 하여 국왕과 함께 신하들이 궁궐의 후원 등에서 활쏘기와 연회를 함께 하는 내용을 담고 있다. 이날의 활쏘기 진행자격인 사사射司는 서유구의 부친인 서호수徐浩修가 담당하였으며,[33] 그와 같은 가문인 서유린, 서유방, 서용보, 서영보, 서형수 등이 대거 참석한 것을 확인할 수 있다.

특히 서유린은 당시 내의원內醫院 제조提調였고, 서유방과 서용보는 규장각신奎章閣臣이었으며, 서영보는 별군직別軍職, 서형수는 사관史官이었기에 문무관을 아울러 다양한 신하들이 정조와 함께 활쏘기를 하였다.

이렇듯 문관임에도 불구하고 서씨徐氏 가문의 상당수가 활쏘기 연회에 참석했을 정도로 활쏘기 실력이 뛰어났음을 확인할 수 있다. 특히 서유구의 경우도 젊은 시절부터 활쏘기를 익혔는데, 그의 집궁례執弓禮에 해당하는 첫 활쏘기 이야기는 다음의 사료를 통해서 확인된다.

---

32 『明皐全集』卷之八 記「燕射記」, "…(前略)… 此古聖王之常有事於射 而事之不可不數者也 我聖上七年癸卯冬 與承史閣臣及邇列武臣 行燕射于春塘臺 先是 司射戒射 司宮設位 量人張侯 樂人宿懸 至期鳴鐘 上出御座 卿大夫士皆祖決拾 執弓挾乘矢 拱揖以分 左右司射 遂比六耦 臣有隣在東 臣漢豐在西 侍上爲第一耦焉 臣民始 臣有防在東 臣漳 臣聖和在西 爲第二耦焉 臣祐源 臣豐之在東 臣延弼臣文赫在西 爲第三耦焉 臣尙鎭 臣時秀在東 臣爔 臣身敬在西 爲第四耦焉 臣龍輔 臣興鎭在東 臣綝 臣英輔在西 爲第五耦焉 臣崑秀 臣瀅修臣行任 在東 臣永秀臣光益在西 爲第六耦焉. …(後略)…".

33 『正祖實錄』卷16, 正祖 7年 12月 10日, 丁卯條.

림 4_ 1743년(영조 19) 윤4월 7일 거행된 〈대사례大射禮〉 중
왕이 활 쏘는 모습을 담고 있는 〈어사도御射圖〉
녁이 웅후(곰)이므로 영조가 활을 내는 광경을 담고 있다. (고려대학교 박물관 소장)

(5) 그에게 일러 말하길, "산의 서쪽은 평평한 밭두둑이 넓고 평탄하니 과녁을 세우고 활을 쏠만한 곳입니다. 어찌 활쏘기를 하며 즐기지 않으십니까?" 하니, 서자(서유구)가 말하길, "좋습니다."라고 하였다. 드디어 과녁을 펼치고 손에는 깍지決와 팔찌拾를 차고 화살 네 대乘矢를 꽂고 나갔다. 그런데 서자는 활을 잡아본적이 없었다. 화살을 시위에 걸어 가득 당기지도 못했는데도 이미 손이 후들후들 떨리더니 갑자기 활을 쏘았지만 빙 돌아 움직이더니 몇 걸음 날아가지도 못하고 떨어지고야 말았다.

평소 활쏘기를 익힌 탄소가 가르쳐 주며 말하기를 "이는 시위에 문제가 있는 것이다. 활을 가득 당기고자 할 때에는 구부려야 하고, 시위에서 힘을 풀고자 하면 겨눠야 한다. 구부리지 않으면 가득 당기지 못하는 것이 당연하고, 시위에서 힘을 뺄 때 겨누지 않으면 도달하지 못한다. 그래서 화살이 멀리 날아가지 않는 것이다." 그 말대로 했더니, 화살은 멀리 날아갔지만 과녁의 좌우로 일정하지 않게 마구 떨어지는 것이었다. 탄소가 말하기를, "이것은 쥠손(쥠통)의 문제다. 쥠통을 잡을 때에 팔을 뻗지 않았기 때문이다. 팔을 뻗지 않으니 단단히 굳혀지지 않는 것이다. 단단하게 굳히지 않으니 흔들리는 것이다. 그래서 화살이 맞지 않는 것이다." 그 말대로 했더니 화살은 과녁을 향해 날아가기는 했지만, 과녁을 넘거나 못 미치지는 것이었다.

탄소가 말하기를, "이는 너의 몸에 문제가 있다. 머리를 너무 세우지도 말며 구부리지도 말아야 한다. 머리를 치켜 세우면 과녁의 중심에 보낼 수 없고, 너무 구부리면 빠르게 활을 쏠 수 없다."
그 말대로 했더니, 두 발을 맞혔다. …(중략)… 나는 도덕道德으로
활과 화살을 삼고, 인의仁義로 표적을 삼고자 한다. 그래서 모든
일에 집중하여 일하는 것은 곧 형태가 없는 활쏘기인 것이다.[34]

위의 글을 보면 서유구가 처음으로 활을 배우는 장면을 확
인할 수 있다. 친구인 탄소와 함께 고향인 경기도 파주 임진강
근처의 작은 산인 백학산白鶴山의 서쪽 기슭에서 들판을 향해 활
을 쏘는 장면을 담고 있다.

처음으로 활을 잡은 서유구는 가득 당기지도 못했는데 팔을
덜덜 떨거나, 팔을 완전히 뻗어 자세를 굳히지도 못하거나, 어
깨와 목에 잔뜩 힘을 줘서 몸을 부자연스럽게 하는 등 초보자가
할 수 있는 다양한 실수를 거듭하고 마침내 과녁에 화살을 적중
시키는 모습이 담겨 있다.

특히 마지막 문장에서는 '도덕道德을 활과 화살처럼 여기고,
인의仁義를 과녁처럼 생각하는 삶의 철학'을 활쏘기 수련을 통해

---

34 『楓石全集』楓石鼓篋集 卷第二 記「鶴西學射記」, "告之曰山之西 平疇曠夷 可侯
而射 盍射以爲樂 徐子曰諾 遂張侯 袒決拾 搢乘矢以出 蓋徐子未嘗操弓者也 彎
未旣 手顫掉 輒舍矢 紆而趨 不數武落 彈素素習弓 教之曰 是病于弦 宛之欲滿
釋之欲按 宛不滿則需 釋不按則茶 故矢不遠 如其言 矢遠而邪 左右侯而落無常
彈素曰 是病于枘 執柎不挺臂也 不挺臂則不固 不固則易搖 故不中 如其言 矢向
侯 而或過之或不及 彈素曰 是病子子之身 毋已昂 毋已俯 已昂則莫能以願中 已
俯則莫能以速中 如其言 獲二矢焉. …(中略)… 吾願道德以爲弓矢 仁義以爲侯的
而從事于無形之射."

확립한 것을 알 수 있다.[35]

이처럼 서유구에게 활쏘기는 단순히 무예의 한 종목이나 여가생활을 즐기기 위한 소일거리를 넘어서 사대부로서 가져야할 기본 덕목을 새길 수 있는 삶의 중심축이었으며, 『임원경제지』를 관통하고 있는 기본적인 집필 의도라고 볼 수 있다.

3. 『임원경제지』에 나타난 활쏘기의 실제와 무예사적 의미

『임원경제지』의 사결射訣 편에는 총 다섯 가지의 항목으로 중국의 사법射法에 대하여 정리한 책을 인용하였는데, 『중훈몽법中訓蒙法』·『무경회해武經匯解』·『왕씨사경王氏射經』·『몽계필담夢溪筆談』 등 활쏘기 수련과 직접적으로 관련된 내용을 싣고 있다.

그리고 서유구 자신이 일찍이 활 쏘는 법을 배웠고, 가학으로 활쏘기를 연습했기에 이 책에 수록된 사결 부분은 당대 활쏘기 수련법의 내용을 잘 담아내고 있다고 할 수 있을 것이다.

먼저 첫 번째 장인 '초학연습初學演習'에서는 활쏘기를 처음 배우는 사람들이 익혀야 하는 기본적인 몸 갖춤법과 훈련법을 담고 있다.

두 번째 장인 '임장해식臨場楷式'에서는 사대射臺에 올라 시위

---

35 조창록, 앞의 책, 국립민속박물관, 2009, 35~36쪽.

에 화살을 거는 법을 시작으로 하여 과녁에 겨냥하는 법까지 집궁執弓에서 발시發矢 및 활 거둠 등 활쏘기를 할 때 움직이는 모습을 순차적으로 분석하였다. 또한 마지막에는 핵심이 되는 부분을 14가지의 짧은 구결로 정리하여 암기할 수 있도록 하였다.

세 번째 장에는 '자병疵病'이라고 하여 활쏘기의 방식 중 문제가 되는 부분을 일종의 질병처럼 생각하고 의사가 진단하듯 그 원인을 분석하였다.

네 번째 장에는 '풍기風氣'라고 하여 활을 쏠 때 가장 먼저 살펴야 하는 바람과 온도를 중심으로 변화하는 겨눔법과 활 관리 등을 중심으로 정리하였다.

마지막으로 다섯 번째에는 '기구器具'라고 하여 활과 화살을 만드는 법과 뒤틀림 없이 보관 및 관리하는 여러 가지 방법을 구체적으로 설명하였다. 활쏘는 사람이 활과 화살을 만드는 법까지 직접 배울 필요까지는 없지만, 그것이 어떻게 만들어지고 재료가 무엇인가를 알아야 만이 보다 정교하게 활을 관리하고 쏠 수 있기 때문에 기구편으로 따로 정리한 것이다.

『임원경제지』에 수록된 활쏘기 수련의 실제를 현재 射亭에서 활을 내는 방법과 연관지어 살펴보면 다음과 같다.[36]

첫 번째 장인 '학사총법學射總法'에서 처음으로 이야기 한 것

---

[36] 활을 쏘는 것을 사정에서는 '활을 낸다' 혹은 '화살을 보낸다'라는 표현을 쓴다. 이는 단순히 화살을 과녁에 맞추기 위해 활을 쏘는 것이 아니라, 활을 쏘기 위하여 마음을 다스리고 몸을 가다듬는 지극히 정신적인 부분의 수련에 중심을 두고 만들어진 말이다.

사진 2_ 투구를 쓸 경우에도 화살의 시작 부위는 얼굴에 견착시켜 발시한다.

은 바로 자신의 힘에 맞지 않은 장력이 센 활은 피해야 한다는
것이다.[37] 이는 활쏘기를 수련할 때 초심자가 가장 먼저 고민해
야 하는 부분으로 내가 어떤 활을 사용해야 하는 것인가에 대한
답이다.

　요즘에도 주변의 눈을 의식해서 마치 센 활을 쏴야만 힘이
좋고 능력이 있는 것처럼 보여 자신의 힘을 넘어서는 활을 사용
하는 사람들이 많다.

　그리고 세월이 흘러감에 따라 나이가 들면 자연스럽게 신체
의 근육량이 부족해져서 활 또한 자연스럽게 약한 활로 바꿔야

37　『林園經濟志』「遊藝志」射訣, "學射總法 初學最忌弓不服手."

하는데, 이를 무시하고 젊었을 때에 사용한 활을 고집해서 활을 쏘는 자세인 '궁체弓體' 자체가 망가지는 경우도 많다. [38]

다음으로 활의 중심인 줌통을 잡는 손인 줌손의 경우는 우궁右弓의 경우 '왼손 중지와 무명지 및 새끼 손가락으로 줌통을 쥐고 반드시 활을 수직으로 세운 후에 엄지를 가볍게 중지 위에 올려 놓고 다음 검지와 엄지로 게 집게발 같은 모습을 만든다.' [39]고 하였다. [40]

이러한 줌손의 모습은 자연스럽게 하삼지下三指가 아랫방향으로 흘려 잡게 되어 손바닥의 보다 많은 면적이 줌통에 닿아 안정적으로 활을 밀어 낼 수 있게 하는 자세가 된다. [41]

그리고 상지上指인 엄지와 검지에 힘이 들어 갈 경우 윗 힘

---

[38] 활쏘기 자세를 말할 때 보통은 '弓體'라는 표현을 쓴다. 이것은 사대에 올라 자리를 잡고 화살을 시위에 걸어 활을 당겨 쏘고, 이후 마침의 자세 전체를 이르는 말이다. 보통 센 활을 사용하면 과녁까지 비행 각도를 낮게 해도 적중률이 높아진다. 그러나 자신의 능력을 벗어난 센활을 사용하는 것은 안정적인 궁체를 파괴하는 지름길이기도 하다. 예를 들면, 활의 장력이 세기에 만작의 형태로 잡아 당기기 위해서 억지힘을 사용하는데, 여기서 어깨의 비틀림 현상이나 깍지손의 비정상적인 떼임으로 인해 連射로 변할 가능성이 높아지게 된다. 또한 깍지손 팔꿈치에 질병 중 하나인 엘보가 생길 수도 있다. 그리고 만작시 화살 깃이 보통은 자신의 입꼬리에 붙여 정확도를 높이는데, 센활을 사용하다 보면 점점 더 깍지손이 아래쪽으로 내려가 입꼬리에서 턱을 지나 가슴결에까지 내려와 활을 쏘는 경우도 많다. 이는 자신의 능력을 벗어난 센활을 사용하면서 만들어진 疵病 중 하나로 볼 수 있다.

[39] 『林園經濟志』 「遊藝志」射訣, "(學射總法) 先習容止 將左手中名小三指 搦定弓弝 弓要直竪 大指活按中指之上 食指虛中 對合大指 形如蟹鉗."

[40] 활을 쏠 때에는 왼손잡이냐 오른손잡이냐에 따라 左弓과 右弓으로 나뉜다. 이는 각주11)을 참고 바란다.

[41] 이렇게 활의 줌통을 잡는 모양을 계란을 쥐듯이 잡는다 하여 '持弓如握卵'이라고도 한다.

을 쓰게 되어 활을 잡고 있는 손의 어깨가 비정상적으로 위로 치솟게 된다.[42] 이를 방지하기 위하여 엄지와 검지는 집게발처럼 만들어 가볍게 붙이도록 한 것이다.

위와 같이 활을 잡은 후에 기본자세를 만들게 된다. 그 자세를 보면 '활을 당길 때에는 두 발을 부정부팔不丁不八의 형태로 서는데, 왼 무릎이 과녁을 마주보게 하여 약간 앞을 향하고 오른 발은 힘을 주어 바로 세우게 된다.

이후 양 발에 균등하게 힘을 쓰면 흔들림이 없어지고 몸을 곧게 하여 앞을 향한 듯이 하고서, 아래턱은 왼 어깨를 마주한다.'[43]고 하였다.[44] 보사步射, 즉 서서 쏘는 활쏘기의 자세 중 발모양은 보통 '비정비팔非丁非八'이라고 말한다.

두 발의 모양이 고무래 정丁자처럼 서로 직각을 이뤄서도 안 되고, 여덟 팔八자처럼 안장다리로 발끝을 안으로 모으는 것도 안 된다는 자세를 설명한 것이다.

---

[42] 활쏘기 초심자의 경우 가장 많이 발생하는 문제가 활을 당길 때 줌손에 억지로 힘을 주게 되어 어깨가 위로 치솟는 현상이 자주 발생한다. 또한 이 과정에서 '중구미를 엎는다'라고 하여 팔꿈치를 시계방향으로 돌려 어깨뼈와 맞물리게 해야만 단단하게 고정시킬 수 있게 된다. 이때 '중구미'는 팔의 중간에 구부러지는 부분을 말하는 것으로 '중굽이'에서 파생된 말로 판단된다. 『조선의 궁술』에서는 肘, 臂節과 동일한 부분이라 설명하기도 하였다. 왼팔꿈치가 뒤집어지지 않는 경우를 '붕어죽'이라고 말하며 발시와 동시에 발꿈치가 접혀져 시위가 손목 위쪽을 치게 될 가능성이 높다.

[43] 『林園經濟志』「遊藝志」 射訣, "(學射總法) 次將兩足 立爲不丁不八之勢 左膝對的 稍曲向前 右足着力直立 兩足用力均勻 自不搖動 身勢須直 略似向前 兩目視的 若不轉睛 下頦玄對左肩."

[44] 필자의 경우는 보다 정확하게 왼발 새끼발가락이 과녁을 응시하도록 자세를 갖추어야 한다고 설명하기도 한다.

『무비지武備志』에서는 이를 '정자부성, 팔자부취丁字不成, 八字不就'라고도 하였다. 이는 사선으로 몸을 약간 비틀어 서되, 앞발인 왼발의 무릎이 과녁을 향하게 해야 한다는 말과 동일한 자세를 설명한 것이다.

만약 몸을 반듯하게 정면에 두고 활을 쏠 경우 활을 가득 당길 때 허리부분에 문제가 생기며, 반대로 완전히 측면으로 돌아 쏠 경우는 허리 비틀림의 힘을 제대로 화살에 전달할 수가 없다.[45]

또한 이때 아래턱은 왼 어깨와 마주한다고 하였는데, 이는 왼쪽 어깨인 죽머리[46]에 아래턱을 가볍게 묻는 것을 말한다. 만약 죽머리에 아래턱을 붙이지 않을 경우에는 만작 후 시위를 놓았을 때, 시위가 자신의 오른쪽 뺨을 치고 나가게 된다.

이렇게 되면 아픔도 아픔이지만, 시위의 장력이 화살에 정확하게 전달되지 못해 화살이 멀리 나가지 못하게 된다. 다음의 그림은 활쏘기에 등장하는 신체 부위의 표현을 이해하기 쉽도록 그림으로 설명한 것이다.

---

[45] 활쏘기는 단순히 어깨 힘으로 쏘는 것이 아니라, 발가락부터 머리꼭대기까지 신체의 모든 부위의 힘을 한데 모아 응집시켜 발시를 해야만 화살이 힘차게 앞으로 나아갈 수 있다. 이때 일정정도 허리가 비틀려야만 단전의 힘을 모으는데 편하고, 활을 가득 당기는 滿酌에도 효과적이다.

[46] 죽머리는 활을 잡은 쪽의 어깨를 말하는 순우리말이다.

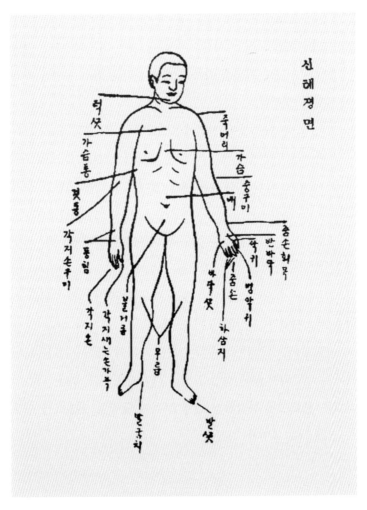

신체정면

그림 5_ 『조선의 궁술』 중 활쏘기와 관련한 〈신체정면〉

위의 그림에서 확인할 수 있듯이, 활을 잡은 손의 어깨를 '죽머리'라 하고, 중간의 팔꿈치 관절 부위를 중구미, 활을 잡은 손을 줌손이라 부르는 것을 알 수 있다. 이후 줌손으로 활을 잡고 깍지 손가락 중 식지·중지·무명지 세 손가락을 시위 중앙에 건 후 두 팔을 함께 들고 활을 벌리는 연습을 한다.

이때에는 '줌손을 과녁을 향해 내미는 것과 동시에 깍지손도 서서히 뒤로 벌려서 두 팔이 일직선이 되게 펴는데, 뒤 팔을 구부려 깍지손이 오른쪽 어깨 곁에 닿을 때쯤에는 줌손이 과녁을 향한 채 정지하게 활을 벌려준다.

위와 같은 형태로 자세를 잡고 정신을 집중해서 자세를 굳혔다가 다시 팔에 힘을 풀고 시위를 늦춘다.'[47]라고 하였다.[48] 활을 잡은 줌손은 밀고 뒷손인 깍지손은 당긴다라고 하여 '밀고 당기기'라 표현하기도 한다.

그리고 비유적으로 줌손은 '태산泰山을 밀듯 하고, 깍지 손은 호랑이 꼬리를 당긴다'라고 하여 '전추태산 후악호미前推泰山 後握虎尾'라고 부르기도 한다.[49]

---

[47] 『林園經濟志』「遊藝志」射訣, "(學射總法) 前手將出 必須對的 其勢要同右手漸次 伸開兩手 平如一線 右手曲至右肩之旁 貼左肩稍 則前手己指的定矣 模倣式樣 審固片晷 隨手鬆回."

[48] 시위에 화살을 걸지 않고 당기는 것을 빈 활이라고 부르는데, 이 동작은 초보자가 엄지와 새끼손가락을 제외한 나머지 손가락을 이용하여 머리위로 크게 들었다가 앞손은 과녁을 향하게 하고 뒷손은 오른쪽 어깨까지 끌어 당기는 滿酌의 형태까지 자세를 연습하는 것을 말한다.

[49] 지난 2011년에 개봉하여 큰 반향을 일으킨 영화 <최종병기 활>에서 주인공의 활에 새겨진 '前推泰山 發如虎尾' 중 뒷 문장인 발여호미를 '시위는 호랑이 꼬리처럼 말아 쏘라'라고 해석하고 있다. 그러나 발여호미라는 말은 전통시대에는 아예 존재하지 않은 문장이었으며, 근래에 새롭게 만들어진 것으로 판단된다. 문장의 의미를 '호랑이 꼬리처럼 말아라'라는 것 역시 특정 자세를 강조하기 위해 확대해석한 것으로 보인다['발여호미'라는 기록은 정갑표, 『弓道』(성일문화사, 1975)에 처음으로 등장한다]. 발여호미는 깍지 손에서 시위를 때는 행위를 좀 더 부각시킨 후악호미의 변형된 문장으로 볼 수 있다.

특히 줌손의 경우는 활이 없는 상태에서 기둥에 손바닥을 펴서 밀어 중구미를 엎는 연습을 해야 하는데, '왼손으로는 기둥 위를 밀되 앞 어깨와 나란하게 하고 뒷 팔꿈치를 세워 앞 주먹과 나란하도록 하라'[50]는 말로 활을 쥐고 있는 팔을 단단하게 고정시키는 훈련을 더하기도 하였다.[51]

또한 중구미를 엎은 모습을 보고 '줌손과 시위를 당기는 손가락, 왼 팔뚝과 팔꿈치는 평평하기가 수면과 같아서, 팔꿈치에 물잔을 올려놓을 수 있는 것처럼 해야 한다'[52]고 설명하였다.

이러한 밀고 당기기를 수련할 때에는 아홉 번 반복하고 한 번 쉬어 자세를 만들고 최소 한 달이나 두세 달을 반복하여 신법身法을 안정화시켜야 한다고 하였다.

이상의 자세 연습은 모두 화살을 장전하지 않고 활 쏘는 자세를 갖추기 위하여 빈 활을 당기는 연습을 말하는 것이다. 이후 화살을 메기고, 화살을 과녁에 보내는 실제 발시 훈련을 진행하게 된다.

시위에 화살과 만나는 부분인 오늬를 끼울 때에는 촉부터 훑어 올리듯 엄지와 식지 사이를 통과시키고 엄지·식지·중지 세 손가락으로 오늬를 잡아 화살에 부드럽게 메긴다.[53]

---

50 『林園經濟志』「遊藝志」射訣, "(練臂法) 學者 將欲引弓 須先操練手臂 時常對柱挺直 使之堅固 以左手托在柱上 與前肩齊 以後肘聳起 與前拳齊."
51 이러한 활을 쥔 팔을 강화시키는 것은 중구미를 엎는 것에서 출발한다.
52 『林園經濟志』「遊藝志」射訣, "(臨場楷式) 其持 弓手與控指 及左膊肘 平如水准 令其肘 可措杯水."
53 일반적으로 화살을 시위에 걸때에는 반드시 이 과정을 거쳐야하는데, 일종의

이때 중요한 것이 오늬부분을 잡는 손의 문제인데 '깍지 낀 엄지로 시위를 당기는데 이때 검지 끝마디를 엄지 끝마디 위에 걸치고 깍지와 함께 화살 오늬를 감싸되 너무 억세거나 너무 허술하게 감싸면 안 된다'[54]라고 하였다.[55]

시위에 깍지를 걸때 너무 강하게 깊이 걸면 깍지 떼임시에 부드럽게 나가지 못해 화살이 좌우로 빗나가게 되며, 너무 얇게 걸 경우에는 가득 당기기도 힘들뿐더러 당기는 도중 갑자기 화살을 놓치는 경우가 생길 수도 있다.

특히 이러한 엄지걸이형 깍지 방식은 가장 보편적인 한국전통 사법 중 하나로 서양의 지중해식 방식인 검지와 중지 사이에 오늬를 끼워 당기는 방식과 구별되기도 한다.[56]

안전요소 확인으로 볼 수 있다. 엄지와 식지로 화살을 이동시키는데, 엄지가 중지 위로 향하기 때문에 실상은 식지와 중지사이로 화살이 움직이게 된다. 화살은 강하게 만들어졌지만, 과녁에 부딪히는 충격으로 인해 몸체에 금이 가거나 깨질 수 있다. 만약 조금이라도 깨진 화살을 시위에 걸어 쐈을 경우에는 발시와 동시 화살이 부러지면서 줌손에 큰 상처를 입을 수 있다. 이 동작을 몇 번 반복하면서 화살의 이상 유무를 살펴야 한다.

54 『林園經濟志』「遊藝志」射訣, "(學射總法) 以大指機控弦 以食指交搭大指之上 同指機箝住箭扣 不可太緊 亦不可太鬆."

55 이러한 형태의 깍지조임 방식은 암깍지에서 나타나는 방식으로 숫깍지의 경우는 엄지손가락에 끼워진 깍지 자체를 압박하게 된다. 따라서 본서에서 활쏘기를 수련할 때 사용한 깍지는 암깍지임을 확인할 수 있다.

56 현재 TV사극이나 관련 역사물에서 가장 자주 등장하는 고증오류가 엄지걸이형 사법이 아닌 지중해식 사법이다. 심지어 가장 사실적이고 교육적인 다큐멘터리에서까지 이러한 문제가 발생하고 있다. 이는 역사 다큐멘터리 제작진 역시 사극을 제작하던 연출진이 그대로 투입되기에 발생한 일이다. 이러한 사극에서의 고증 한계점과 대안에 대해서는 다음의 논문을 참고한다. 최형국, 「TV 역사물의 考證 한계와 그 대안 - KBS 다큐멘터리 〈의궤 8일간의 축제〉의 무예사·군사사 고증을 중심으로」, 『사학연구』 114호, 한국사학회, 2014.

사진 3_ 깍지손의 모습
엄지 손가락에 깍지를 끼워 시위를 비틀어 당기는 모습이다.

　이렇게 화살의 오늬를 끼우는 훈련까지 마치면 근거리인 20
궁⨉(약 21m)에서 시작하여 차츰 거리를 넓혀 35궁(약 37m)까지 과
녁을 변경해 가며 수련한다.[57] 이 수련 과정에서는 '앞 손이 과
녁을 향하게 하여서는 한번 단단히 쥐어 뻗고, 깍지손은 어깨
높이에서 뒤로 곧게 빼내서 펴 준다'[58]라고 하였다.
　이때 줌통을 쥔 손가락이 풀리거나 줌손과 깍지손의 힘의
균형이 무너지면 화살이 나갈 때 시위가 팔뚝이나 옷소매를 치

57　여기서 말하는 땅의 거리를 나타내는 '⨉'은 1궁이 5尺을 말한다. 1척은 周尺
　　으로 환산하여 21cm정도이다.
58　『林園經濟志』「遊藝志」射訣, "(擧射總法) 以前手指的 緊掬一挺 後手平肩一撒
　　則伸於後."

거나 화살이 요동치며 나가는 등 폐단을 면치 못할 것이다 라고 하여 발시 순간 자세의 중요성을 강조하였다.

또한 발시와 동시 펼쳐지는 깍지손 자세를 현재 사법에서는 '온깍지' 방식의 사법이라 말하기도 하는데, 발시와 동시 깍지손을 뒤로 힘차게 뻗어 주는 방식을 말하는 것이다.

이러한 온깍지 방식을 더 자세히 설명하기 위해 '오른 손으로 시위를 당겼다가 쏘기를 마치면 손을 뒤로 뒤집어 펼치는데, 어깨·팔뚝·손목은 한결같이 곧게 펴고, 손바닥을 위로하여 손금을 드러내되, 손가락은 다 펴지 않는다'[59]라고 하였다.

최근에는 '반깍지' 혹은 '게발깍지'라고 하여 뒤로 뿌리듯 펴지 않고, 오른쪽 어깨 끝에 깍지손을 멈추는 사법도 흔히 사용한다.[60] 또한 활쏘기는 발시 순간에 가장 핵심적인 움직임이 나타나기에 만작滿酌에서 굳히는 그 순간의 줌손은 '별撇'하고, 깍지손은 '절勢'하는 것이 중요하다고 하였다.[61]

여기서 줌손의 '별'은 서예에서 삐침을 오른쪽 상단에서 왼쪽 하단으로 힘을 주어 사선으로 내려 긋듯 비트는 것을 말하고,

---

59 『林園經濟志』「遊藝志」射訣, "(臨場楷式) 右手摘弦盡勢 翻手向後 要肩臂與腕 一般平直 仰掌現掌紋 指不得開露."
60 『조선의 궁술』에서는 게발깍지를 활병의 하나로 설명하고 있다. 반깍지는 깍지 손끝이 오른쪽 어깨에 붙는 것을 말하며, 게발깍지는 완전히 온깍지 형태로 펼치는 것도 아니고, 반깍지처럼 어깨에 붙이는 것도 아닌 애매하게 어깨뒤로 깍지손을 구부려 세우는 동작을 말한다. 또한 깍지손을 뒤로 힘껏 내지 못하고, 버리기만 하는 것을 '봉뒤'라고 부르기도 했다.
61 『林園經濟志』「遊藝志」射訣, "(學射總法) 貴在前手撇 後手勢."

'절'은 말 그대로 시위를 끊어 내듯 힘을 쓴다는 것을 의미한다.[62]

그리고 초심자의 근거리 훈련에서 핵심은 '매우 부드러운 활과 아주 긴 화살을 쓰는 것이 중요하다'[63]라고 하여 자세를 안정적으로 익히는 것에 주력하고 있다.

또한 부드러운 활로 자세를 갖춘 후 점차 강한 활로 바꾸는데, 늘 자기 힘으로 통제 가능한 것이어야지 힘에 부쳐서는 안된다 라고 강조하였다. 여기서 말하는 부드러운 활은 소위 '연궁軟弓'을 말하는 것으로 자신의 힘을 벗어난 강궁强弓을 쏠 경우 자세를 잡는데 무리가 많아 억지 자세를 만들 수 있기 때문이다.

그리고 아주 긴 화살을 써야 한다는 이유는 사람마다 팔의 길이가 다르기에 사용하는 화살의 길이도 다른데, 만약 너무 짧은 화살을 사용할 경우 충분히 당기지 못하여 어깨와 몸을 곧게 펴지 못하기 때문이다.

자신의 팔 길이보다 짧은 화살일 경우 '월촉越鏃'이라 하여 화살이 줌손 안으로 파고들어 발시와 동시 활의 안쪽 면을 때리는 사고가 발생하기도 한다.[64]

이렇게 근거리 활쏘기 훈련을 마치면 사대射臺에 올라 원거

---

62 이 '별'과 '절'의 의미는 서로 구분된 것이 아니라, 줌손은 시계방향으로 비틀고, 깍지손은 반시계방향으로 비틀고 있다가 목표가 들어오면 순간 시위로부터 깍지손을 떼어내는 연속적인 움직임으로 봐야한다.
63 『林園經濟志』「遊藝志」射訣, "(學射總法) 凡初學入門之始 貴用極軟之弓極長之箭".
64 보통 월촉이 발생하면 화살이 부러져 줌손의 손아귀 안쪽을 꿰뚫는 사고가 발생한다. 요즘 사정에서도 자주 빌생하는 사고로 초심자가 활을 배울 때 가장 유념해야 할 부분이다.

리의 표적을 향해 활을 쏘게 된다. 사대에 오른 후에는 역시 비정비팔의 자세로 발모양을 만들고 앞서 익혔던 자세로 시위에 화살을 먹인다. 줌손을 부드럽게 들어 올렸다가 내리면서 '전추태산'과 '후악호미'를 하게 된다.

이때 '활이 벌어지자마자 바로 발시하면 안되며 줌손을 먼저 곧게 뻗어 버텨 놓고서 비로소 깍지손으로 활을 당겨서도 안되고, 활을 쏘기 전에 먼저 판에 도장 찍어낸 듯이 자세를 잡아놓아도 안된다'[65]라고 하였다.

이는 활을 머리 위로 물동이를 이듯이 올렸다가 내리는 것이 아니라, 바로 과녁을 향해 활을 쥔 줌손을 뻗어 내어 굳혀버리고, 그 상태에서 깍지손 만을 이용하여 당기는 전형적인 양궁 사법을 말하는 것이다.

이렇게 앞손을 먼저 뻗어 고정시키고 활을 쏘게 되면 정확도는 일정정도 높아질지는 모르지만 좌우 어깨와 손의 균형이 어긋나 센활일 경우에는 어깨나 팔에 활병이 올 가능성이 많다.

목표물을 조준하는 방법에 있어서는 과녁의 거리에 따라 줌통을 중심으로 고정시켰다. 예를 들면, '60보(약 72m) 거리의 과녁을 쏠 때에는 줌손이 과녁의 중심을 마주보게 하고 쏘고, 70보(약 84m) 거리의 과녁을 쏠 때에는 줌손을 과녁의 목 부분을 마주 보게하고 쏜다.

---

65   『林園經濟志』「遊藝志」 射訣, "(學射總法) 不可弓甫開圓便爾輕易發矢 不可將前拳預先伸直拄定 始用後手扯弓 又不可未射之先粧成架式 與印板相似."

사진 4_ 활을 가득 당긴 만작의 모습
깍지손은 귀 뒤까지 끌어당기고 앞손인 줌손끝에 화살촉을 잠시 정지시켰다가 발시한다.

80보(약 96m) 거리의 과녁을 쏠 때에는 줌손을 과녁의 상단에 올려놓고 쏜다. 160보(약 192m) 이상을 쏘는 경우에는 줌손이 과녁 위로 1장丈 위를 마주하도록 하여 줌손 아래로 과녁을 겨냥해야 정확히 겨눌 수 있다[66]고 하였다. 이는 현재 대한민국 궁도弓道에서 과녁까지의 거리를 145m로 규정하고 있어 약 120보 정도의 거리를 쏘기에 보통은 줌손을 과녁의 좌측상단 중심에

66　『林園經濟志』「遊藝志」 射訣, "(遠近取的法) 如射六十步則拳對把子中心　七十步則拳對把子頸項　八十步則拳對把子頭上　一百八十步則拳高把子一丈　或拳下審把亦可務指親切."

두고 쏘는 경우가 일반적이다.[67]

　이상과 같이 초심자가 활쏘기를 익힐 때 지켜야할 사항을 적당한 활 선택하기부터 목표물에 조준선을 맞추는 것까지 순차적으로 풀이해 놓고 있다. 특히 마지막에는 '사법십사요射法十四要'라고 해서 핵심되는 사항을 암기하기 쉽도록 명언처럼 만들어 뒤에 붙였다.

　이를 좀 더 확연하게 구분하기 위하여 정조대正祖代 평양감영平壤監營에서 군사 보급용으로 간행된 『사법비전공하射法秘傳攻瑕』와 1929년 일제강점기 조선궁술연구회를 중심으로 이중화李重華가 펴낸 『조선의 궁술』의 요결과 비교해보면 다음 표와 같다.

　〈표 1〉에서 확인할 수 있듯이, 『임원경제지』와 『사법비전공하』의 요결 부분은 거의 일치한다. 이는 두 책의 요결에 참고한 사료가 모두 중국의 사법서射法書인 『무경칠서휘해』이기 때문이다.[68] 또한 『조선의 궁술』도 상당부분 요결의 내용과 일맥상통하는 것이 대부분이다.

67　현재 대한궁도협회에서 제정한 145m의 과녁거리는 고정 사거리로 대한민국 모든 활터(射亭)와 공인대회에서 활용하고 있다. 이는 英祖代 반포된 『續大典』에서 추가된 활쏘기 과목인 柳葉箭의 시험거리가 120步이기에 공인 거리규격을 145m로 확정한 것으로 판단된다. 그러나 목표물의 거리에 따라 조준법이 달라지기에 다양한 활쏘기를 위해서라도 고정거리를 없애고 다양한 목표물 거리에 대한 고민이 필요한 시점이다. 이에 대한 논의는 결론에 좀 더 다루기로 한다.

68　『임원경제지』에서는 굳힘과 발시 부분 두 가지가 빠졌으며, 나머지는 거의 동일하다.

표 1_ 『임원경제지』·『사법비전공하』·『조선의 궁술』의 射法 要訣 비교

내용 연번	『임원경제지』 要訣	『사법비전공하』 要訣	『조선의 궁술』 활쏘는 법	비고
1	弓要軟	弓要軟	활은 되도록 힘에 무른 듯 한 것을 쏘아야 한다	활의 세기
2	箭要長	箭要長	–	화살의 길이★화살이 꼭 길어야 한다는 것이 아니라, 사람마다 팔의 길이가 다르니 이를 잘 맞추라는 말임.
3	胸前宜吸	胸前宜吸	가슴통은 다 비어 虛해야 하며, 만일 힘이 들어가 튀어나오거나 틀어지면 안된다.	앞 가슴의 움직임
4	脚力要方	脚立要方	불거름이 팽팽하도록 두 다리에 힘을 단단히 주고 곧게 선다. '非丁非八'로 벌려 서야 한다.[69]	다리 모양과 힘쓰기
5	持弓如握卵	持弓如握卵	下三指를 흘려쥠	줌손의 모양
6	搭箭如懸衡	搭箭如懸衡		화살을 시위에 끼우는 위치와 방식
7	弓弰要側	弓弰要側	–	줌손이 시계방향으로 기울여진 자세
8	手要平	手要平衡		줌손과 깍지손의 평형 자세
9	前膀要轉[70]	前膀要轉	중구미를 반드시 엎어야 한다	줌손의 팔을 시계방향으로 돌리는 자세

---

69 '脚力要方' 혹은 '脚立要方'에 대한 설명을 보면, '반듯하다는 것(方)'은 네모반듯한 것이 아니다. 앞다리를 너무 내디디면 앞 허벅지에 힘을 쓸 수 없고, 뒷다리를 너무 뒤로 디디디면 뒷 허리에 힘을 쓸 수 없다고 하였다. 『조선의 궁술』에서는 불거름, 즉 방광인 하단전에 힘을 모으기 위해서 두 다리에 힘을 단단히 주고 곧게 선다고 하였다. 따라서 결론은 비정비팔로 서되 평온하고 굳건하게 서는 것을 말한다.

70 내용설명 상 '前膀要轉'의 膀은 팔뚝을 의미하는 '膊'의 오기일 가능성이 높다. 방광 즉 아랫배 쪽을 비드는 것이 아니라 분명히 팔을 비트는 것으로 설명하고 있다("轉者 直也 膊不轉則臂不直 臂不直則筋骨不伸.").

10	骨節要伸	骨節要伸	불거름이 팽팽하도록 두 다리에 힘을 단단히 주고 곧게 선다.	인체의 관절을 펴는 자세
11	前肩要藏	前肩要藏	죽머리는 바짝 붙여서 턱과 가까운 것이 좋다.	활을 쥔 앞 어깨가 위로 솟지 않도록 내리는 자세
12	後肩要擠[71]	後肩要擠	줌손과 깍지손을 등힘으로 밀어 짜서 끈다.	깍지를 당기는 어깨가 움츠려지지 않고, 뒤로 펴듯 미는 자세
13	–	引滿要審	–	활을 가득 당겼을 때 겨누라는 의미
14	–	審而要固	–	활을 겨눌 때 힘을 굳혀라는 의미
15	出前要輕	出前要輕	앞을 버티면서 뒤를 힘 있게 당겨(시위가) 저절로 벗어지도록 한다.	발시 순간 가볍게 시위를 떠나야 한다는 의미
16	放箭要速[72]	放箭要速	앞을 버티면서 뒤를 힘 있게 당겨(시위가) 저절로 벗어지도록 한다.	발시는 신속해야 한다는 의미

다음 장에는 '자병疵病'이라고 하여, 활쏘기를 수련할 때 나타나는 잘못된 습관에 대해서 다뤘다. 대표적으로 초심자들에게 발생할 수 있는 문제점으로 활을 잡고 있는 줌손의 문제, 시위를 당기는 깍지손의 문제로 구분하여 하나 하나 원인을 분석하

---

71 '후견요제'는 깍지손 어깨의 움직임을 말하는 것으로, 앞의 '전견요장'의 '藏'과 대비되도록 '擠'(밀다)로 쓴 것이다. 따라서 움직임 상 뒷어깨는 시위를 당기고 있기 때문에 '등힘으로 밀어 짜서 끈다'라는 표현과 일치한다. 만약 등힘으로 끌지 못하면 뒤어깨가 몸 앞으로 빠져 나오면서 억지 팔힘으로만 끌게 된다.

72 '放箭要速'의 설명에는 '깍지손이 발시하는 것을 줌손이 모르게 한다'라는 내용이 등장한다. 따라서 『조선의 궁술』에서 당기다가 시위가 저절로 벗어지도록 한다는 것과 일맥상통한다.

고 이에 대한 대안을 설명해 놓았다.[73] 이를 『조선의 궁술』과 비교하면 다음 〈표 2〉와 같다.

[표 2] 『임원경제지』·『조선의 궁술』의 射法 중 疵病 비교

연번\내용	『임원경제지』	『조선의 궁술』	설 명
1	줌 손:張(장)-벌리기	시위가 줌팔을 치는 경우, 줌손을 제껴 쥐기 때문	화살이 나갈 때 바깥쪽으 로 줌통을 한번 트는 것.(반시계)
2	줌 손:挑(도)-휘어지기	줌손이 꺾이면 팽팽한 일직선의 힘을 낼 수 없음	손목이 꺾이며 줌손을 내리꽂는 것
3	줌 손:卓(탁)-치받기	웃아귀를 아래로 내림	화살이 나갈 때에 아래로 한번 멈칫하는 것.
4	줌 손:嫩(눈)-연약함	중구미가 젖혀진 죽을 '붕어죽'이라 함	줌손이 안으로 구부러지는 것 (손목에 힘이 없고, 앞 팔뚝이 펴지지 못함)
5	줌 손:老(노)-무력함	하삼지가 풀림	줌손의 뼈마디에 힘이 없어 버티지 못함
6	줌 손:彎(만)-구부러짐	죽머리(어깨)는 바짝 붙여서 턱과 가까운 것이 좋다	어깨와 눈이 앞으로 나오지 않거나, 어깻죽지를 비틀지 못하거나, 줌손을 곧게 펴지 못함
7	줌 손:剩(잉)-남김	중구미가 젖혀지지도 않고 엎어지지도 않은 죽을 '앉은 죽'이라 함	(앞 팔을 펴지 못해) 화살을 완전히 당기지 못하고 촉을 줌통 밖에 남김
8	깍지손:突(돌)-갑작스럽다	깍지손을 뒤로 내지 못하고 버리기만 하는 것을 '봉뒤'라고 함	시위를 깍지에 너무 깊이 걸고, 힘쓰기를 급하게 하여 뒤 팔꿈치를 누르지 못해 위로 들리면서 갑작스레 발시

---

[73] 『임원경제지』와 『사법비전공하』의 疵病은 일치한다. 단지 『사법비전공하』의 경우 예시되는 항목을 추가로 달았다. 그리고 『조선의 궁술』 역시 각 상황에 따라 좋지 않은 습관을 해결하는 방법을 담고 있다. 예를 들면 발사할 때 시위가 뺨을 치거나 귀를 치는 수도 있는데, 그러한 때에는 턱을 죽머리 가까이 묻으면 된다고 설명하였다(『조선의 궁술』).

[74] '後三指'는 시위를 당길 때 깍지를 누르고 있는 깍지손의 엄지·검지·중지를 말하고, '下三指'는 활을 쥔 줌손의 중지, 무명지, 소지를 말한다.

[75] 여기서 말하는 중구미는 줌손의 중구미가 아닌 깍지손의 중구미를 말한다.

9	깍지손:逼(핍)-짓누르다	팔꿈치를 훔쳐끼고 손회목으로만 당기는 것을 '채죽뒤'라고 함	깍지손이 팔꿈치와 평형으로 만들어지지 못하고, 後三指[74]을 너무 단단하게 잡아 가슴 앞을 누름
10	깍지손:揪(추)-묶이다	발시할 때 심위가 줌팔을 치는 경우 깍지 손은 무르고 줌손을 세게 민 것	후삼지에 힘이 없어 힘차게 시위를 놓지 못함
11	깍지손:鬆(송)-느슨하다	중구미[75]와 등힘으로 당기면서 화살을 힘차게 보내야 함	깍지손 뿐만 아니라, 뒷손과 손목 마디마디가 느슨하고 굽는 것, 팽팽함 없이 발시되는 것(등힘이 없음)
12	깍지손:吐(토)-게우다	화살이 만작이 되어 발사하는 순간에는 조금씩 잡아 당기면서 발사해야 함	당겨진 깍지 손이 도로 나가서 화살이 조금 앞으로 나간 상태에서 발시

위와 같이 활쏘기를 수련할 때 발생할 수 있는 다양한 잘못된 습관에 대해 설명하고 이를 해결하는 방안까지 설명해 놓았다. 특히 『임원경제지』에 수록된 대부분의 자병과 이를 고치는 방법들이 『조선의 궁술』에서도 유사하게 나오고 있음을 알 수 있다.

지금까지 『임원경제지』의 사결射訣에 등장하는 활쏘기 실기에 대한 내용을 간략히 살펴보았다. 이에 대한 무예사적 의미를 살펴보면, 먼저 이 책에 등장하는 활쏘기가 단순히 이론으로 정립된 것이 아니라 저자인 서유구徐有榘가 실제로 활쏘기를 다년간 수련한 상태에서 사법이론들을 정리한 것이기에 보다 실기적 내용에 대한 고민을 정예화시킨 것이라고 볼 수 있다.

따라서 다양한 사료를 인용하여 활쏘기 수련에 대한 방법과 문제점을 고치는 내용을 다양하게 수록한 것으로 보인다.

사진 5_ 좌사坐射 즉 무릎을 꿇고 앉아 쏘는 방식

특히 18세기의 경우 궁궐에서는 대사례大射禮와 연사례燕射禮 및 각종 시사試射 등 다양한 활쏘기 의례와 시험이 펼쳐졌고, 향촌에서도 향사례鄕射禮 및 무과시험 준비나 사냥준비 등 다양한 활쏘기 훈련이 전개되는 상황이었기에『임원경제지』에 실린 사결射訣에는 당대의 활쏘기 수련에 대한 실제적 모습을 가장 많이 담고 있다고 할 수 있을 것이다.

두 번째로 초심자부터 활쏘기를 어느 정도 익힌 숙련자는 물론이고 활과 화살을 제작하는 장인匠人 등 다양한 사람이 활용할 수 있도록 활과 관련된 전반적인 내용을 담아 놓았다는 것이다.

예를 들면, 풍기風氣편에서는 바람을 읽거나 태양의 열기로 인해 대류현상이 발생할 때 활을 정확하게 쏘는 법이 있고, 기구器具편에서는 활에 들어가는 재료와 화살을 만드는 방법까지 소상하게 밝혀놓고 있다.

이를 통해 활을 만드는 장인이 아닌 수련자들도 활의 구성 형태와 화살의 제작방식을 이해할 수 있어 보다 깊이 있는 활쏘기 수련을 가능하게 한 것으로 보인다. 또한 일정한 거리를 변화시키며 고정된 표적이 아닌 다양한 거리의 목표물에 화살을 보내는 수련법이 잘 정리되어 실제 군사훈련에서도 이를 참고하여 활쏘기 훈련을 했을 가능성이 높다.

셋째, 활쏘기가 단순히 팔과 어깨의 힘만을 이용하여 수련하는 것이 아니라, 머리끝에서부터 발끝까지 전신을 활용하여 수련해야 한다는 내용을 잘 담아내고 있다. 따라서 단순히 상체 힘을 키우는 훈련뿐만 아니라, 안정적으로 하체를 강화하는 수련법도 병행해야만 명중률이 높은 활쏘기가 가능하다는 것을 보여주고 있다.

넷째, 『사법비전공하』와 『조선의 궁술』에 실린 활쏘기와 관련된 실기적 내용의 대부분이 『임원경제지』의 사결에 실려 있기에 18세기 활쏘기 자세 및 훈련법의 표범으로 삼을 수 있다는 것이다.

이를 통해 19세기 초반에 완성된 『조선의 궁술』과 비교사적 고찰을 더해 나간다면 신체문화 변화의 흐름을 어느 정도 파악할 수 있다는 것이다.

4. 활은 조선을 대표하는 양반의 몸만들기 문화

활쏘기는 우리의 역사 속에서 가장 오랜 동안 정착되어 온 국방무예이자 심신단련법이었다. 고대부터 활은 우리 민족을 상징하는 코드였으며, 전통시대 수많은 전쟁 속에서 이 땅을 지켜낸 최종병기였다.

지금까지 『임원경제지』의 사결을 중심으로 18세기 활쏘기에 대한 실기사적 고찰과 몸 문화적 특성을 살펴보았다. 이를 간략히 정리해 보면 다음과 같다.

『임원경제지』의 저자인 서유구는 대표적인 경화세족 출신으로 가학家學으로 전해진 농업에 대한 관심을 통해 향촌생활에

予三十一歲眞

哲宗熙倫正極粹德純聖文顯武成獻仁英孝大王

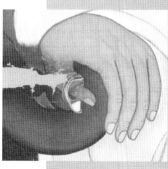

그림 6_ 철종의 어진
왼손 엄지손가락에 암깍지를 낀 모습이다. 이를
볼 때 철종은 왼손잡였을 가능성이 높다. 옆에 대
모갑 환도를 배치하였다. (국립고궁박물관 소장)

필요한 여러 가지 일들을 어릴 적부터 접할 수 있었다.

또한 관직에 오른 후에는 순창군수를 비롯한 향촌사회의 일을 직접 살필 수 있는 관력이 있었는가 하면, 각신閣臣으로 있을 때에는 수많은 서적들을 규장각이라는 거대한 지식집합소를 관리했기에 백과사전적 공부를 진행할 수 있었다.

그리고『향례합편鄕禮合編』등 다양한 서적들의 편찬을 담당하면서 의례를 비롯한 전통지식을 물론이고, 청나라에서 수입한 새로운 실학서實學書들을 정리하는 과정에서 지식의 체계적인 관리와 정보의 중요성을 인식하여『임원경제지』를 저술하게 되었다.

『임원경제지』중 사결에는 당대 활쏘기의 수련방식과 활과 화살을 제조하는 것에 이르기까지 활쏘기와 관련한 다양한 정보를 수록하고 있다. 특히 서유구 자신이 활쏘기를 젊을 때부터 익혔고, 활쏘기 역시 가학家學으로 여겨질 만큼 집안의 거의 모든 사내들이 익혔기에 보다 실용적인 부분을 중심으로 체계화시킬 수 있었다.

사결의 내용을 보면, 먼저 첫 번째 장인 '초학연습初學演習'에서는 활쏘기를 처음 배우는 사람들이 익혀야 하는 기본적인 몸갖춤법과 훈련법을 담고 있다.

두 번째 장인 '임장해식臨場楷式'에서는 사대射臺에 올라 시위에 화살을 거는 법을 시작으로 하여 과녁에 겨냥하는 법까지 집궁執弓에서 발시發矢 및 활 거둠 등 활쏘기를 할 때 움직이는 모습을 순차적으로 분석하였다.

세 번째 장에는 '자병疵病'이라고 하여 활쏘기의 방식 중 문제가 되는 부분을 일종의 질병처럼 생각하고 의사가 진단하듯 그 원인을 분석하였다. 네 번째 장에는 '풍기風氣'라고 하여 활을 쏠 때 가장 먼저 살펴야 하는 바람과 온도를 중심으로 변화하는 겨눔법과 활 관리 등을 중심으로 정리하였다. 마지막으로 다섯 번째에는 '기구器具'라고 하여 활과 화살을 만드는 법과 뒤틀림 없이 보관 및 관리하는 여러 가지 방법을 구체적으로 설명하였다.

　이러한 사결의 내용 중 실제 활쏘기 수련시 나타나는 다양한 몸문화적인 측면을 요즘의 활쏘기와 비교 분석하며 정리하였다. 특히 『사법비전공하』와 『조선의 궁술』에 실린 내용들과 비교를 통하여 당대 활쏘기 수련의 특성을 실기사적으로 풀어 보았다.

　이를 통해 『임원경제지』의 사결에 실린 활쏘기의 모습이 당대의 몸문화를 가장 잘 반영하고 있음을 확인할 수 있었다. 18세기만 하더라도 중앙에서는 대사례나 연사례를 비롯한 의례적 활쏘기와 다양한 시사試射가 활발하게 이뤄졌고, 향촌에서는 향사례나 무과훈련을 위해서 활쏘기를 쉽게 찾아볼 수 있을 정도로 당대의 활문화는 전성기였다고 할 수 있다.

　따라서 『임원경제지』에 실린 활문화를 잘 복원하고 계승시킬 수 있다면 앞으로 보다 발전적인 활문화 보급에 도움이 될 수 있으리라 판단된다.

　첨언하자면, 현재 대한궁도협회를 중심으로 전국의 각 사정射亭에서는 지금도 매일같이 활쏘기를 진행하고 있는데 몇 가지

제언을 더하고자 한다.

현재 공인 혹은 공식대회를 비롯하여 전국의 사정에서는 오로지 145m의 과녁거리만을 고정시켜 습사를 진행하고 있다. 그러나 활쏘기는 과녁과의 거리에 따라 다양한 사법이 가능하기에 이를 다양화 시킬 필요가 있다.

『임원경제지』에서도 이미 초보를 벗어난 수련자들도 과녁의 거리에 따라 다양한 표적 겨눔법을 설명하고 있을 정도다. 예를 들면, 근거리인 30m와 50m의 과녁을 통해 정밀 조준사격을 더하거나, 80m와 100m를 중심으로 곡사가 아닌 직사방식의 조준법을 함께 훈련하고 대회에 적용하는 것이 좋을 것이다.

활쏘기는 의례에서 그치는 것이 아니라, 전투에서 활용한 무예적 속성이 있기에 다양한 표적의 거리는 현재 사정의 무예적 기풍을 살리는 데에 상당한 도움을 줄 것이라 판단된다.

또한 멈춰 있는 표적을 고집할 것이 아니라, 이동표적도 하루빨리 각 사정과 대회에 도입해야할 필요성이 있다. 현재 사정의 경우 145m가 넘는 공간에 아무것도 없는 평지상태가 대부분이기에 그 사이에 좌우로 표적을 이동시키는 도르래나 레일 표적을 설치하여 보다 능동적인 사법을 현장에 보급시켜야 할 것이다.

현재 전국의 사정에는 평균연령이 거의 60세가 넘는 경우가 대부분이다. 이를 통해 보다 젊은 층들이 활쏘기에 관심을 갖고 다가설 수 있도록 먼저 관련 콘텐츠를 다양화 시킬 필요가 있다.

그리고 현재 대한궁도협회 주관의 공식대회에서는 반드시

상하의에 하얀색 서양식 목카라 셔츠와 일자형 바지를 입어야만 대회출전이 가능한데, 이를 과감히 탈피하고 철릭이나 구군복을 비롯한 전통복장을 개량하여 요즘의 활쏘기에 맞게 보급시킬 필요가 있다.

서유구가 『임원경제지』를 저술할 때 조선은 법고창신法古創新을 말하며 새로운 학문적 기풍을 열던 실학의 시대였다. 현재의 활쏘기 또한 옛것을 본받아 새로운 것을 창조해야만 변화하는 시대의 흐름에 부응할 수 있을 것이다.

활쏘기는 과거 이 땅의 역사를 지켜낸 선조들의 전통무예였으며, 미래 대한민국의 몸문화 정체성을 재확립시킬 수 있는 훌륭한 몸 문화유산이다.

『조선의 궁술』 속 일제강점기 조선 전통 활쏘기의 현실과 변화

1. 일제강점기 민족문화말살정책과 조선의 무예

소위 '한일합병조약韓日合倂條約'의 첫 머리는, "第 1條 韓國 皇帝 陛下는 韓國 全部에 關흔 一切 統治權을 完全且 永久히 日本國 皇帝陛下에게 讓與흠"이라 시작한다.

이 강제 조약은 1910년 8월 22일, 순종純宗으로부터 전권위임장을 받아든 대한제국 내각 총리대신 이완용大韓帝國 內閣 總理大臣 李完用이 주축이 되어 체결되었다.[1] 그리고 일주일 후인 8월 29일에 공포되었다. 우리는 그날을 치욕스러운 '경술국치일庚戌國恥日'이라고 부른다.

---

[1] 한철호, 『근대 일본은 한국을 어떻게 倂吞했나?』, 독립기념관 한국독립운동사연구소, 2016, 98~113쪽.

그날로부터 대한제국大韓帝國은 공식적으로 소멸하고 일본제국의 '식민지 조선'이 강제적으로 탄생하였다.[2] 이제 식민지 조선에 살고 있는 모든 사람들의 몸과 정신은 이제 일제의 통제에 따라야만 했다.

일제는 조선의 독립을 막기 위하여 다양한 억압정책을 활용하였다. 대표적으로 '민족문화말살정책'이라는 명목하에 조선에서 지속적으로 이어진 다양한 전통문화에 대해 집요한 억압책을 구사하였다.[3]

특히 1937년 중일전쟁中日戰爭과 1941년 미국을 상대로 한 태평양전쟁太平洋戰爭이 발생하면서 식민지 조선 또한 '전시동원체제'의 일환으로 내지인 일본과 동일한 전시예비자원으로 활용하기 위하여 좀 더 강력한 식민지 정책을 추진하였다.

그 과정에서 조선인의 언어인 '한글'은 '일본어'로 교체하고 조선인의 '이름'을 일본식으로 '창씨개명'을 하게 하는 등 전통과의 단절을 바탕으로 일본인과 완전한 동화同化를 구축하기 위하여 헌병경찰로 대표되는 식민지 국가폭력기관을 동원하여 강제적으로 진행하였다.[4] 그 완전한 동화의 모습은 '황국신민화皇國臣民化'였다.

---

2   『純宗實錄』附錄 卷1, 純宗 3年 8月 29日. "勅令第三百十八號, 韓國에 國號늘 改ᄒᆞ야 爾今 朝鮮이라 稱흠이라."
3   금장태, 『현대 한국유교와 전통』, 서울대학교 출판부, 2003, 145~146쪽.
4   유철, 『일제강점기 皇國臣民 教化를 위한 '身體'論 - 國語讀本, 體操, 唱歌, 戰時歌謠를 중심으로』, 전남대학교 대학원, 박사학위논문, 2015, 13~18쪽.

그런데 이러한 일제강점기 조선에서 진행된 민족문화말살정책 중 조선시대에 '무예武藝'라고 부르는 택견이나 활쏘기인 궁술弓術[5]의 경우도 그 억압정책으로 소멸했다는 논지가 定說化되어 있는 상황이다.[6]

그도 그럴 것이 무예武藝라는 것이 태생적으로 상대를 효과적으로 공격하거나 방어하기 위해 탄생한 것이고, 무예는 곧 국방력과 연결되는 것이기에 '식민지 조선인'이 '조선의 무예'를 익힌다는 것은 독립운동과 맥을 함께 하는 것으로 볼 수도 있다. 이러한 이유로 그것을 일제가 당연히 탄압했을 것이라는 추측을 가능하게 한다.

이와 같은 추측으로 인해 최근 언론기사에서도 일제강점기에 조선인들이 익혔던 소위 '전통무예'가 탄압당했다는 식의 내용이 자주 보도될 정도이다.[7] 그러나 일제강점기 식민지 조선인

---

5   현재 전통시대 활쏘기에 대한 연구는 문헌적 연구를 중심으로 이뤄졌다. 대표적으로 국립민속박물관이 『한국무예사료총서』 연속 간행물의 일부로 해제가 진행되고 있는 상황이다. 그 연속간행물 속에 『射法秘傳攻瑕』(14권), 『朝鮮의 弓術』(15권), 조선시대 대사례와 향사례(16권) 등이 발간되어 전통시대 활쏘기의 모습을 보다 쉽게 접근할 수 있게 되었다. 특히 지난 2011년에는 육군사관학교 육군박물관 학술지인 『학예지』 제18집이 '전통시대 무예 「국궁」특집'으로 발간하여 전통 활쏘기에 대한 다양한 연구업적을 모아 놓았다.

6   노중호, 『현대 스포츠로서 택견의 발달과정과 의미』, 충북대학교 석사학위논문, 2012, 13~15쪽; 무예뿐만 아니라 민속놀이의 경우도 1911년 일제가 제정한 '범죄즉결령'을 이용하여 치안 상 풍속저해·미신·경제적 이유 등을 들어 없앤 것도 민족문화말살의 목적일 것이라 추정하고 있다. 특히 1926년 '폭력행위 등 처벌에 관한 건'이라는 특별법령을 만들어 택견을 비롯한 무예적 요소가 들어간 모든 조선인의 무예활동에 대해 금지시켰다라고 서술하고 있다(임재해, 한양명, 『한국민속사 입문』, 지식산업사, 1996, 472쪽).

7   『아시아경제』 2018년 1월 10일자. 일제의 전통 활쏘기 탄압과 관련한 최신 기

이 수련했던 조선의 전통무예에 대한 탄압의 구체적인 사례는 찾아보기 힘들며, 반대로 일제가 앞장서서 이를 정책적으로 보완시키려는 흔적이 더 많다.

일제강점기 당시 일본에는 2m가 넘는 활을 사용하는 일본식 '궁도弓道'가 있음에도 일제가 그것을 강제로 보급하기 보다는 조선식 각궁角弓을 활용한 전통방식의 활쏘기가 일제강점기 내내 전국적으로 또한 지속적으로 행해졌다는 것은 기존의 논리와는 정반대되는 내용이기도 하다.[8]

이는 단순히 '일제가 조선의 전통무예를 탄압했다' 혹은 '탄압하지 않았다'라는 이분법적 논리로 정리될 문제가 아닌 조금은 복잡한 양상을 내포하고 있다.

지금까지 조선시대를 비롯하여 전통시대의 활쏘기와 관련한 연구는 상당한 축적물이 있을 정도로 지속적으로 진행되어 왔다.[9] 반면 일제강점기 식민지 조선에서의 활쏘기문화와 관련된

사 내용 중 "활쏘기는 스포츠 정도로 생각할 수 있는 시대였지만, 그럼에도 일제가 그토록 활을 못 쓰게 하려고 했던 이유는 활을 잘 쏘면 그만큼 총도 잘 쐈기 때문이다. 조선인들은 정말 남녀노소 할 것 없이 대부분 명궁이었고, 이런 사람들에게 활보다 훨씬 쏘기 쉬운 총기가 쥐어지면 그 살상효과는 배가될 수밖에 없었다. 조선총독부 입장에서, 만약 조선에 대규모 소요사태가 발생해 총기가 민간으로 대량 유출될 경우, 곧바로 대규모 의병이 일어날 수도 있는 상황을 우려했을 것이다."라고 지극히 추측적인 기사가 주를 이루고 있다. (http://www.asiae.co.kr/news/view.htm?idxno=2018010916350181989)

8   최형국, 「1949년 『武藝圖譜新志』의 출판과 민족 무예의 새로운 모색」, 『역사민속학』, 한국역사민속학회, 2018.

9   조선시대 활쏘기와 관련 논문 중 軍禮 중 대사례의 경우 강신엽, 「朝鮮時代 大射禮의 施行과 그 運營 -『大射禮義軌』를 중심으로」, 『조선시대사학보』 16집, 2001; 신병주, 「영조대 대사례의 실시와 『대사례의궤』」, 『한국학보』 28권, 일

연구는 지극히 한정된 연구자에 의해 진행되었으며 그 결과도 많지 않은 상황이다.[10]

따라서 본 장에서는 일제강점기 조선의 활쏘기 문화를 가장 잘 담고 있는『조선의 궁술』에 대한 면밀한 분석과 함께 당대 신문기사를 집중적으로 활용하여 활쏘기로 대표되는 조선무예 수련의미의 왜곡과정을 살펴보고자 한다.[11]

2. 조선말 전통 활쏘기의 변화와 식민지 현실

조선시대 활쏘기는 과거科擧시험 중 무관武官의 등용을 위하여 정착된 무과武科의 핵심과목이었다. 예를 들면 지방에서 치러지는 무과를 위한 향시鄕試의 초시과목에는 강서講書로 대표되

지사, 2002. 등 다양한 논문이 있다. 또한 武科의 활쏘기를 비롯한 조선시대 弓術에 관한 연구는 심승구, 최형국, 조성균 등 많은 연구들의 논문이 있다. 본고에서는 분량상 생략하고자 한다.

10 김이수, 「『조선(朝鮮)의 궁술(弓術)』에 관한 연구(1) - 현대적 가치와 의미」, 『체육사학회지』 16-2, 한국체육사학회, 2011; 이헌정, 『일제강점기 한반도 간행 궁(弓) 도서를 통한 조선 · 일본 궁술의 비교 연구: 吉田英三郞의 (增訂)弓矢義解를 중심으로』, 고려대학교 교육대학원 석사학위논문, 2016; 이밖에도 활쏘기와 관련한 연구 단체 중 근래 온깍지궁사회를 중심으로 펴내고 있는 <국궁논문집>은 활터에서 직접 활을 내는 접중들 중심으로 구성된 현장의 전통을 지켜가려는 새로운 시도가 이어지고 있다. 본 책의 작성시에도 상당히 많은 도움을 받았기에 비록 각주지만 감사의 마음을 전한다.

11 『朝鮮의 弓術』에 수록된 활쏘기의 실기사적인 비교 연구 부분은 최형국, 「18세기 활쏘기(國弓) 수련방식과 그 실제 -『林園經濟志』「遊藝志」射訣을 중심으로」(『탐라문화』 50호, 탐라문화연구원, 2015)에서 다른 활쏘기 병서와의 비교를 통해 진행하였다.

는 이론시험은 없는 대신 목전木箭, 철전鐵箭, 편전片箭, 기사騎射, 기창騎槍, 격구擊毬 등 모두 6과목의 무예시험을 합격해야만 복시覆試를 볼 수 있는 자격이 주어졌다.[12]

이후 조선후기에도 전술戰術의 변화에 따라 무과시험의 종목에 조총鳥銃이나 마상편곤馬上鞭棍 등 몇 가지 과목이 추가되었고, 격구擊毬를 비롯한 특수한 무예가 종목에서 제외되는 경우는 있었지만 활쏘기는 조선말까지 무과시험의 근간을 이룬 무예였다.

따라서 민간에서도 활쏘기는 여러 사정射亭이나 한강의 노량진을 비롯한 넓은 공터에서 가장 활발하게 수련되었던 무예였다. 또한 국왕 중심의 유교의례 중 하나인 대사례大射禮를 비롯하여 민간에서는 향사례鄕射禮가 시행되어 의례의 일환으로까지 안착되었다.

그러나 이러한 조선에서의 활쏘기는 고종의 친정親政시기에 전통적인 오군영체제였던 용호영龍虎營 · 금위영禁衛營 · 어영청御營廳 · 총융청摠戎廳 등이 청군淸軍방식의 근대식 훈련을 받은 '친군좌親軍左 · 우영右營'과 일본군 방식의 근대식 훈련을 받은 '친군전親軍前 · 후영後營'으로 흡수 및 통합되면서 근대식 화기火器를 비롯한 전술체제 전환으로 조선군 내부에서 실용성을 잃게 되었다.[13]

---

12 최형국, 「조선시대 騎射 시험방식의 변화와 그 실제」, 『中央史論』 24집, 중앙사학연구소, 2006, 36~39쪽.
13 『高宗實錄』 卷21, 高宗 21年 8月 更子條; 裵亢燮, 『19世紀 朝鮮의 軍事制度 研究』, 국학자료원, 2002, 188~220쪽.

그림 1_ 기산 김준근, 동개와 환도를 패용한 〈선전관 모양〉
조선말기 개항장이었던 제물포나 부산지역에서 외국인들에게 작은 엽서용 그림으로 판매된 것이다.

특히 갑오경장기甲午更張期의 개혁내용 중 과거科擧제도의 폐지는 무과武科시험 종목인 활쏘기의 근간을 흔드는 중차대한 일이었다.[14] 이러한 이유로 다시 과거시험을 복구하여 인재를 구해야한다는 상소가 이어지기도 했다.

그러나 고종高宗은 임오군란壬午軍亂과 갑신정변甲申政變을 거치면서 균형적인 중앙군中央軍의 운용보다는 자신의 호위護衛 위주의 중앙군영정책을 펼치면서 군정軍政의 문란은 날로 심각해졌다. 당시 고종대高宗代 급변했던 중앙군영의 상황을 살펴보면 다음과 같다.

(1) 개화한 이래 영제營制가 여러번 바뀌었다. …(중략)… 군영이 많아지다보니 병사兵士가 없을 수 없었다. 이에 병사를 조련하여야 한다는 논의가 일어나 청淸과 왜倭의 교사敎師를 불러다 한가한 장정들을 모집하여 훈련시켰다. 서울에만 만여 명에 가까웠고

---

14 『高宗實錄』卷32, 高宗 31年 7月 丁丑條;『高宗實錄』卷35, 高宗 34年 3月 16日. "噫 設科而取士 尚有遺珠潛珍之歎 況竝其科而廢之 則更復何望乎."; 당시 갑오경장기 개혁안은 주로 친일인사들에 의해 이뤄졌다고 하여 科擧제도의 폐지를 통해 활쏘기가 쇠퇴한 이유를 친일인사에게 돌리는 경우도 많았다. 이후 관련 이야기가 와전되어 당시 개화파들이 '전국의 활터를 강제적으로 폐쇄했다'라는 식의 이야기로 변화되었고, 종국에는 '일제가 조선의 활쏘기를 금지시켰다'라는 논리까지 확대 재생산되었다(『경향신문』 1987년 4월 23일자 9면); 다만 〈독립신문〉 1896년 05월 28일자 기사에서 "이둘 십오일 동슈문안 률목정에서 활을 쏘기로 경무 동서 심 총슌이 슌검을다리고 간즉 다 도망ᄒ고 새 다리 최동환과 성균관 홍종혁을 잡아다 회유ᄒ여 보내고 ᄇ리고 간 활 셋과 젼동 세 개를 주어다가 그 임ᄌ 김셕철 김지홍 김복립을 차자서 회유ᄒ고 내어 주엇더라라'는 내용이 있지만, 역시 시기상 일제에 의해서 금지된 것은 아니었다.

각 도道의 감영監營과 병영兵營에 500명 또는 300명 가량 되었다. 봉급을 우대하고 장비와 군복을 새로 바꿨다. 이들을 호병대胡兵隊, 왜병대倭兵隊라고 불렀다. 이들은 대부분 교활하고 거칠어서 밤이면 도적이 되었다가 낮이면 대열에 다시 합류하였다. 그러나 국왕은 이들을 우대하면서 그들의 힘을 얻고자 하였다.[15]

위의 사료에서처럼 갑신정변 이후 중앙군영은 청군淸軍과 일본군日本軍 방식의 훈련을 통해 완전히 변화해 나갔다. 일본군의 세력이 조선에서 확대된 이후 군제 개혁이라는 미명하에 조선 수군水軍의 핵심이었던 삼도통제영三道統制營을 비롯하여 각도의 병영兵營 및 수영水營 그리고 각各 진영鎭營 및 진보鎭堡까지 모조리 폐지되면서 지방군까지 유명무실화되는 사태까지 발생하여 군사들을 중심으로 이뤄졌던 전통적인 군사무예였던 활쏘기는 거의 소멸하는 지경에 이르렀다.[16]

이러한 이유로 국왕이 친림親臨하여 직접 문무관의 활쏘기 훈련을 주관하던 시사試射의 경우도 고종高宗 30년(1893)에만 모두 7회를 계획 및 진행하였지만, 마지막 10월을 끝으로 완전히 훈련에서 사라져 버렸다.[17]

이러한 중앙군영과 지방군영의 변화로 인하여 민간에서의

---

15 黃玹, 「梧下記聞」 首筆, 『東學農民戰爭資料叢書』 1, 歷史問題硏究所 東學農民戰爭百周年紀 念事業推進委員會, 1996, 36~37쪽.
16 『高宗實錄』 卷33, 高宗 32年 7月 癸丑條.
17 『高宗實錄』 卷30, 高宗 30年 10月 壬子條.

활쏘기 또한 급속하게 쇠퇴하였는데, 다행히 1899년 6월 10일 독일德國의 헨리顯利 친왕親王의 방문과 습사習射를 계기로 활쏘기가 다시금 부활하게 되었다.[18]

당시 독일 친왕의 습사로 인한 고종의 반응과 이후 활쏘기 문화의 변화에 대해 다음의 사료를 통해 확인할 수 있다.

(2) (앞에 생략) 내가 열다섯 살 때부터 활쏘기를 배워서 지금까지 50년이나 되었고 스물한 살 때에 장충단獎忠壇에서 각지의 응모자를 여섯 달 동안 시험하야 그 중에서 가장 시수矢數가 많은 사람을 뽑는 회시會試에서 우승을 하였소만 그 후 궁술이 쇠퇴하여져서 고종 기해년에는 내가 활을 폐지하고 집에 들어앉은 지가 4년 동이나 되고 아무도 활 쏘는 사람이 없었던 때인데, 졸지에 내가 집에 있으니까 덕수궁에서 이태왕께서 무감武監을 내여 보내시어 시방 경성중학교 자리에 있던 대궐 안에서 관병식觀兵式을 하는데 활 쏘는 것을 덕국친왕에게 구경시킬 터이니 시간을 지체 말고 그곳으로 활을 가지고 들어오라는 분부가 내렸지요. …(중략)… 그래 여섯 사람이 활을 쏘기 시작하였는데 대개 화살 다섯을 잡고 네 개 또는 다섯 개를 땅땅 마치니까 화살이 관혁에 맞출 때마다 덕국인의 박수갈채가 일어납니다. 그러더니 이윽고 친왕이 관혁으로 가서 화살을 손으로 빼보려고 하는데 그 때 살

18 『高宗實錄』 卷39, 高宗 36年 6月 10日.

이야 살촉이 길고 커서 쇠장이 아니면 어데 빠져야지요. 그러니 친왕이 비로소 감탄하야 고개를 끄덕끄덕하드군요. 그 다음에 친왕이 몸소 활을 쏘아 본다고 쏘니 활시우가 자꾸만 귀를 때리기만 하고 마저 주어야지요. …(중략)… 그 후 덕국친왕이 작별하고 떠날때에 말하기를 『조선활이 군기에 업지 못할 물건인 것이 총은 한명을 쏘면 한명이 마자죽지만 활은 활촉에 독약을 칠하여 쏜즉 마자서 곳죽지는안코 군사가 폐인廢人이 되고말터이니 이 폐인된 군사를 끌고 다니느라고 성한군사까지 못쓰게될터인즉 총은 천명이마즈면 천명이 못쓰게 되나 활은 이천명이 못쓰게되지안켓느냐』고 하엿답디다.

하여턴 이덕국친왕이 한번다녀간 뒤로부터 리태왕께서 여태업서지다시피한 활을다시금 장려하시게 되엿는데 그때 궁술장려의 칙령을 내가 받았오. 처음에는 덕수궁 모서리에 터를 잡고 활을 쏘았는데 이태왕을 근시하는 내시와 조관들이 모두 이곳에 모여서 습사習射를 하였지요. 그 후 경희궁慶喜宮 북쪽기슭 지금 경성중학교터에 사정을 새로 지어서 황학정黃鶴停이라고 하였는데 현 이왕전하李王殿下께서 총재가 되시고 내가 우궁수右弓手로 임명되었지요. (이하생략)[19]

---

19 『朝鮮日報』1938년 1월 1일~3일자. 본 기사는 1928년 7월 11일에 창립된 조선궁술연구회 초대 회장 성문영 대담기사의 내용이다. 이와 같은 기본 기사 내용은 이건호, 「근대 신문에 나타난 활쏘기의 흐름」, 『국궁논문집』 제7집, 2009, 31~34쪽을 참고했다.

위의 사료는 1899년 6월 11일 독일국왕이 조선에 왔을 때, 고종의 어명御命으로 특별히 활쏘기 시범을 보인 사람들 중 조선 궁술연구회 초대회장을 지낸 성문영의 대담기록이다.

당시 독일국왕의 방문을 축하하기 위하여 (2)의 내용처럼 관병식觀兵式의 한 가지 행사로 조선 활쏘기를 시범보인 것을 알 수 있다.[20]

특히 대담 내용 중 '고종 기해년己亥年(1899)에는 내가 활을 폐지하고 집에 들어앉은 지가 4년 동이나 되고 아무도 활 쏘는 사람이 없었던 때'라고 하여 갑오경장甲午更張이후부터 서울에서 활쏘기가 급속도로 퇴조했음을 잘 보여주고 있다. 당시 도성都城안에는 약 48개의 사정射亭 중 무과武科의 폐지로 인해 단 한 개만 남고 모두 사라졌을 정도였다.[21]

그리고 사료를 보면 독일국왕의 조선 전통 활쏘기 칭찬이 군사 효용부분과 연결되어 고종高宗이 감명을 받아 다시금 궁술弓術을 정책적으로 장려하는 방식으로 바뀌었음을 알 수 있다.

그날 이후 고종의 근밀시종을 맡았던 내시와 조관들까지 지속적으로 습사習射를 진행할 정도였으니 당시 고종의 활쏘기에 대한 인식변화가 얼마나 컸는지 짐작할 수 있을 것이다.

---

20 『駐韓日本公使館記錄』13卷, 機密第 50號, 1899年 6月 20日, - '獨逸「ヘンリー」親王來游ニ關スル件': 당시 독일국왕시 조선황제의 觀兵式 일정은 주한일본공사관 내부문서에서도 확인된다.

21 이헌정, 「일제강점기 한반도 간행 궁(弓) 도서를 통한 조선·일본 궁술의 비교 연구: 吉田英三郎의 (增訂)弓矢義解를 중심으로」, 고려대학교 교육대학원 석사학위논문, 2016.

그림 2_ 기산 김준근, 〈홍문쏘는 모양〉
앞으로 내달리며 활을 쏘는 모습이다.

당시 고종의 경우도 세자시절부터 기본적으로 활쏘기를 익혀 다양한 친림시사親臨試射나 관사觀射에 참여하였고, 자신이 직접 금위영禁衛營의 대청에 나아가 직접 화살 15발을 쏘아 그중 9발을 명중시킬 정도였다.[22] 고종의 명으로 새롭게 만들어진 루각동 황학정黃鶴亭에서 편사가 이뤄졌고,[23] 이듬해인 1908년 3월에는 고종이 직접 활쏘기 연습을 하기 위하여 대궐 안 황학정 수축이 진행되었다.[24] 이후 고종뿐만 아니라 종친과 각부대신들까지 주기적으로 황학정에서 활을 쏘게 되었다.[25]

또한 당시 활쏘기 연습 중 기생들이 함께 참석하여 적중여부에 따라 추임새를 부르는 등 궐 안에서 기악의 소리가 들려나오자 경시청에서도 금지하는 일까지 생겨났다.[26] 이런 이유로 종친들과 대신들은 궐내의 황학정 대신 인근의 누상동 백호정白虎亭, 동대문 안 이화정梨花亭, 제동 취운정翠雲亭 등을 옮겨 다니며 활쏘기를 진행하였다.

---

22 『高宗實錄』卷8, 高宗 8年 5月 乙卯條.
23 『대한매일신보』1907년 7월 12일자 2면; 黃鶴亭은 광무 3년(1899)에 활쏘기를 장려하라는 고종의 명령으로 慶喜宮 會祥殿 북쪽 담장 가까이 세웠던 射亭이다. 이후 1922년에 일제가 경성중학교를 짓기 위해 경희궁을 헐면서 경희궁내 건물들이 일반에게 불하될 때 이를 받아 사직단 북쪽인 옛 登科亭터인 현 위치에 이축하여 오늘에 이르고 있다.
24 『대한매일신보』1908년 3월 28일자 2면.
25 『대한매일신보』1908년 4월 21일자 2면; 『대한매일신보』1908년 4월 22일자 2면; 『대한매일신보』1908년 5월 7일자 2면; 〈대한매일신보〉 1908년 5월 24일자 2면; 1908년부터 궐내 황학정에서 활쏘기가 성행하자 '대신들이 사무는 돌보지 않고 활쏘기와 기악으로 세월을 보낸다'라는 비판적인 목소리가 흘러나오기도 하였다.
26 『대한매일신보』1908년 5월 28일자 2면. "금할만한일"

이후 1908년 6월에는 경성약초제등정대궁장京城若草齊藤井大弓場에서 민간에서 공식적인 궁술弓術대회가 열리는 등 명맥이 이어졌다.[27] 또한 그해 7~8월에는 의친왕義親王 이강李堈을 중심으로 취운정에서 지속적으로 편사를 비롯한 활쏘기 연습이 이뤄졌다.[28] 그리고 1910년 8월 11일에도 종친들과 황학정에서 편사가 진행되었다.[29]

특히 1910년 8월 29일 '한일병탄韓日倂呑'을 당하는 등 전국이 혼란을 거듭하는 상황이 발생하였지만, 민간 사정射亭에서 활쏘기는 미약하지만 꾸준하게 진행되었다. 대표적으로 1912년 4월에는 황학정에서 편사가 진행되기도 하였다.

당시 언론에서는 "황학정黃鶴亭의 편사便射-팔즈됴혼사름들이로군"이라고 다소 냉소적인 기사를 보내기도 하였다.[30] 그리고 1913년 6월에는 개성의 관덕정觀德亭과 서울의 황학정이 주축이 되어 「경향연합편사회京鄕聯合便射會」를 조직할 것을 합의하기도 하였다.[31]

이러한 궁술 중 편사便射를 중심으로 한 각 지역 사정射亭의 연합 움직임 중 1914년 6월에는 경성의 '경편사京便射'는 연기延期

---

27 『皇城新聞』 1908년 6월 6일자 1면.
28 『대한매일신보』 1908년 7월 1일자 2면.;『공립신보』 1908년 7월 8일자;『대한매일신보』 1908년 8월 11일자 2면.
29 『대한매일신보』 1910년 8월 6일자 2면. "일도픽은없는게로고"
30 『每日申報』 1912년 4월 29일자 3면. "黃鶴亭의 便射 - 팔즈됴혼사름들이로군"
31 『每日申報』 1913년 6월 10일자 2면. "京鄕聯合便射會";『每日申報』 1913년 6월 18일자 4면; 당시 기사내용을 보면 개성 관덕정에서는 내부적으로 여러 번 편사를 진행하였고, 그달 15일에 황학정과 편사를 진행했음을 확인할 수 있다.

되었고, 개성開城의 관덕정觀德亭·호정虎亭·반구정反求停 등 세 개의 사정射亭이 「연편사회聯便射會」를 거행하였다.[32]

그리고 그해 7월에 연기되었던 경편사京便射를 황학정에서 개성 관덕정과 진행했는데, 당시 수천 명의 관람객이 모여들어 혼잡하게 진행되다가 한 아이가 날아 온 화살에 맞아 자빠져서 경관이 응급구호로 병원에 데려가는 등 조선 활쏘기 시합에 대한 관심은 지속되었다.[34]

1915년부터는 지방에서 소규모의 궁술대회가 지속적으로 열렸다. 그중 진주·마산·울산·진해·김해 등 경남지방이 가장 활발하게 궁술문화를 이어나갔다.[35]

특히 이듬해인 1916년부터는 '조선궁술 부흥朝鮮弓術 復興의 기운機運'이라고 부를 정도로 전국적으

사진 1_ 「궁술부흥의 기운」[33]

---

32 『每日申報』1914년 6월 6일자 4면. "京畿道, 大擧便射(開城)"
33 『每日申報』1916년 5월 2일자 3면. "弓術 復興의 機運"
34 『每日申報』1914년 7월 7일자 3면. "黃鶴亭 便射, 사람 하나 쏘이고, 개성편이 패군"
35 『釜山日報』1915년 6월 23일자 1면;『釜山日報』1915년 7월 24일자 4면;『釜山日報』1915년 7월 28일자 5면;『釜山日報』1915년 9월 2일자 1면;『釜山日報』1915년 9월 20일자 3면;『釜山日報』1915년 9월 23일자 4면;『釜山日報』1915년 10월 21일자 5면.

로 조선 전통의 활쏘기 대회가 성행하게 되었다. 먼저, 1916년 4월 30일에는 「조선궁술연합대회朝鮮弓術聯合大會」가 '조선 고유朝鮮 固有의 상무尙武하던 기풍氣風의 일류一流'라는 내용으로 사전홍보가 이뤄졌으며,[36] 당시 대회 상황은 〈사진 1〉의 당시 신문기사를 통해 확인할 수 있다.

이 기사의 내용을 보면 경성의 대표적인 민간 사정射亭이었던 황학정黃鶴亭과 청룡정靑龍亭에서 활쏘기 방식 중 일종의 대항전과 같은 '편사便射'를 진행한 것을 확인할 수 있다.

당시 '대성황을 이룬 편사대회'라는 소제목처럼 이를 보기 위하여 모여든 관람객들이 400~500명 정도로 몰려들어 혼잡을 이뤘다고 하니 당시 활쏘기의 분위기가 얼마나 대단했는지 짐작하게 한다.[37]

이러한 조선궁술에 대한 관심의 증폭을 바탕으로 '조선궁술朝鮮弓術의 권토중래捲土重來할 기운機運'을 만든다는 기치아래 1916년 7월 13일 「경성궁술발기회京城弓術發起會」가 창립되어 수도인 京城을 중심으로 활쏘기 문화를 전국적으로 부활시키기 위한 노력들이 하나둘씩 진행되었다.[38]

---

36 『每日申報』1916년 4월 28일자 2면.
37 이날의 편사는 위의 대담기사에서도 등장하는 성문영이 황학정 소속으로 이날 출전 하지 않은 것이 기사의 내용에 등장할 정도로 당시 성문영은 경성에서 활쏘기로 상당한 지명도가 있었음을 확인할 수 있다(이건호, 「근대 신문에 나타난 활쏘기의 흐름」, 『국궁논문집』 제7집, 2009).
38 『每日申報』1916년 7월 11일자 2면. "京城弓術 발기회, 13일 오후 2시 서대문 내 黃鶴亭"; 『每日申報』1916년 7월 15일자 2면; 경성궁술회는 會名을 '觀德會'

이후「경성궁술발기회」의 움직임은 한 달도 안되는 사이에 바로 이어 강원도「철원궁술회鐵原弓術會」의 창립을 이끌어 내었다.[39] 그해 지방에서 조선 궁술에 대한 관심은 계속 이어져 진주, 통영, 철원 등지에서 궁술대회가 열렸다.[40]

1917년 7월에는 경성 관덕회가 주축이 되어 황학정黃鶴亭과 청룡정靑龍亭의 사원射員들이 누상동 풍소정風嘯亭에서 하기궁술회夏期弓術會를 개최하였고,[41] 1918년 5월에는 경성의 웃대 황학정과 아랫대 청룡정 사이의 편사便射시합이 개최되었다.[42]

7월에는 '스랑편스'라고 하여 황학정 사원 중 난제동 리태진의 집 사랑과 당주동 박순표의 집 사랑에서 신사원이 모여 서로 궁술로 편사를 진행하기도 하였다.[43] 그리고 그해 5월부터는 지방에서 경남 동래東萊 · 강원 평강平康 · 전남 여수와 광주光州 · 경남 부산釜山에서 궁술대회가 이어졌다.[44]

불렀다; 그런데 觀德會는 친일 핵심인사로 지목되는 이완용이 주도한 것으로 활쏘기를 주목적으로 하기보다는 친일단체 구성의 명분으로 활쏘기를 활용한 것으로 판단된다. 특히 비슷한 시기인 1916년 11월에 창설된 대표적인 친일단체인 '大正實業親睦會'의 발기인 구성원들이 관덕회 회원과 중복되는 것으로 이를 유추할 수 있다(이건호, 앞의 논문, 2009, 48~50쪽).

[39] 『每日申報』 1916년 8월 1일자 2면. "철원에서: 鐵原弓術會新"

[40] 『每日申報』 1916년 8월 11일자 2면; 『每日申報』 1916년 8월 13일자 2면; 『每日申報』 1916년 10월 15일자 2면.

[41] 『每日申報』 1917년 7월 13일자 2면. "夏期弓術會"

[42] 『每日申報』 1918년 5월 28일자 3면.; 『每日申報』 1918년 5월 29일 3면; 『每日申報』 1918년 6월 6일자 3면.

[43] 『每日申報』 1918년 7월 16일자 3면.

[44] 『每日申報』 1918년 5월 12일자 3면; 『每日申報』 1918년 5월 14일자 4면; 『每日申報』 1918년 5월 15일자 4면; 『每日申報』 1918년 6월 23일자 4면; 『每日申報』 1918년 7월 23일자 3면; 『每日申報』 1918년 11월 20일자 4면.

특히 3·1만세운동으로 전국적으로 독립운동의 열기가 드높았던 시기이자 일제의 문화탄압이 고도화되던 1919년 10월과 11월에는 전북 강경江景과 충남 논산論山에서 각각 궁술대회가 열렸다.[45]

이후 1920년부터 1924년까지는 해마다 적게는 3회에서 많게는 10회까지 경성과 지방을 가리지 않고 궁술대회가 전국적으로 이어졌다. 그중 1920~24년의 궁술대회 기사를 도식화 하여 살펴보면 다음과 같다.

〈표 1〉 1920~1924년까지 전국 弓術대회 현황[46]

연번	신 문	일자 및 기사 면수	弓術대회 장소
1	동아일보	1920-04-22 04면	江景
2	每日申報	1920-05-17 04면	水原
3	每日申報	1920-05-22 04면	開城
4	每日申報	1921-05-20 04면	金光
5	동아일보	1921-05-22 04면	全州
6	每日申報	1921-05-28 04면	水原
7	동아일보	1921-05-31 04면	碧城
8	동아일보	1921-06-01 04면	仁川
9	每日申報	1921-06-03 04면	全州
10	每日申報	1921-06-18 04면	光州
11	每日申報	1921-06-30 04면	開城

---

45 『每日申報』 1919년 10월 1일자 4면; 『每日申報』 1919년 11월 25일자 4면.
46 본 자료는 당시 신문기사에 검색된 내용을 중심으로 필자가 정리하였다. 따라서 실제로 궁술대회가 개최된 날짜와 약간의 차이가 있을 수 있다.

12	동아일보	1921-07-03 04면	鏡城
13	每日申報	1921-08-09 03면	京城
14	동아일보	1921-10-18 04면	論山
15	동아일보	1921-10-23 04면	統營
16	동아일보	1922-03-10 04면	利川
17	동아일보	1922-05-08 04면	議政府
18	每日申報	1922-05-27 04면	全州
19	동아일보	1922-05-21 03면	密陽
20	동아일보	1922-05-29 04면	大邱
21	동아일보	1922-06-10 04면	議政府
22	동아일보	1922-06-13 04면	宜寧
23	동아일보	1922-06-13 04면	三千浦
24	동아일보	1922-07-03 04면	江華邑
25	동아일보	1922-07-12 04면	仁川
26	동아일보	1922-11-14 04면	統營
27	동아일보	1923-05-27 08면	昌原
28	동아일보	1923-06-03 03면	京城
29	每日申報	1923-06-14 03면	端陽
30	동아일보	1923-07-03 04면	麗水
31	동아일보	1923-07-26 04면	木浦
32	동아일보	1923-08-21 04면	高興
33	동아일보	1923-08-28 04면	昌原
34	동아일보	1923-09-06 04면	永同
35	동아일보	1923-09-13 04면	昌原
36	每日申報	1923-10-12 03면	京城
37	每日申報	1924-05-10 03면	仁川
38	時代日報	1924-05-14 04면	尙州
39	時代日報	1924-05-17 04면	泗川
40	每日申報	1924-05-22 03면	京城

41	時代日報	1924-06-07 04면	利川
42	時代日報	1924-06-11 04면	井邑
43	時代日報	1924-06-23 04면	麗水
44	時代日報	1924-09-19 04면	東萊
45	時代日報	1924-09-27 04면	統營
46	時代日報	1924-10-18 04면	釜山

위의 자료에서 확인할 수 있듯이, 1920~24까지 전국 각지에서 쉼없이 조선 전통방식의 활쏘기 시합이 펼쳐져서 대성황을 이뤘음을 알 수 있다. 또한 1923년 10월에는 '미인궁술회美人弓術會'라는 이름으로 기생妓生의 궁술대회가 열려 세인의 주목을 받기도 하였다.[47]

이후 1925년부터는 '전조선궁술대회全朝鮮弓術大會'와 '남선궁술대회南鮮弓術大會'라는 이름으로 마산馬山 · 진교辰橋 · 고성固城 · 수원水原 · 개성開城 · 태안泰安 · 공주公州 · 광양光陽 · 여주驪州 · 예천醴泉 · 이천利川 · 진주晋州 · 순천順天 · 길주吉州 · 통영統營 · 김해金海 · 김천金泉 · 고창高敞 등에서 동절기를 제외한 거의 매달 궁술대회가 전국적으로 열렸다.[48]

그리고 1928년 7월 경성의 황학정에서 열린 '전조선궁술대

---

47 『동아일보』 1923년 10월 10일자 3면. "妓生弓術大會, 금십일에 개최"; 『每日申報』 1923년 10월 12일자 3면.
48 국사편찬위원회 http://www.history.go.kr/ 한국사데이타베이스 검색 및 한국언론진흥재단 뉴스 빅 데이타분석시스템 https://www.kinds.or.kr/news/library News.do 검색.

회全朝鮮弓術大會'에 총 27개 사정射亭의 회원들이 참석할 만큼 전국단위로 활쏘기가 활발하게 보급되었다.[49] 이날의 대회는 '제1회 전조선궁술대회全朝鮮弓術大會'라는 이름으로 개최되었는다.

이 대회를 전후로 '조선궁술연구회'라는 조선궁술을 대표하는 새로운 조직이 만들어지며 전국의 사정射亭이 보다 조직적인 활동을 진행하였다.[50] 이러한 전국단위의 궁술대회는 1945년 해방 이후까지 지속적으로 이어졌다.

특히 '조선궁술연구회'에서는 1929년에 『조선의 궁술』이라는 단행권을 펴내 조선의 활쏘기 문화를 새롭게 정리하고 단순한 유희적 활쏘기를 넘어 그 안에 자주독립의 의지를 담아 적극적으로 보급하려 하였다.

3. 일제강점기 『조선의 궁술』 저술 특성과 무예사적 가치

『조선의 궁술』은 1929년 서울 인왕산 기슭에 있던 활터인

---

[49] 『尹致昊日記』 九(『한국사료총서』 제19집), 1968. "JULY, 1928, 13th. Friday. Sun. Hot. Seoul home. 全鮮弓術大會 opened at 黃鶴亭. Twenty-seven 射亭 archery Clubs represented."
[50] 이건호, 「조선궁술연구회 창립연도 고찰」, 『국궁논문집』 제6집, 2009, 23~29쪽; 1928년에 조선 활쏘기의 명맥을 잇는 조직인 '朝鮮弓術研究會'가 만들어졌고, 이후 1932년 '朝鮮弓道會'라는 이름을 변경되었다. '弓術'에서 '弓道'의 변화는 단순 명칭상의 변화를 넘어 일제의 식민정책과 맞물려 있기에 다음 장에서 후술하도록 한다.

황학정黃鶴亭에서 전통적인 방식의 활쏘기를 연구하던 조선궁술연구회朝鮮弓術研究會에서 발간하였다.[51]

책의 저자는 일제강점기 한글학자이며 문필가였던 이중화李重華로 우리 민족이 전통적으로 전쟁에 활용하던 활과 관련된 전반적인 사항을 정리한 것이다.

저자著者인 이중화는 일제강점기였던 1911년에 배재학당 교사를 거쳐 1936년 조선어학회 사전편찬위원을 맡을 만큼 우리 말과 글의 소중함을 알리는데 헌신한 독립운동가였다. 이로 인해 그는 1942년 조선어학회 사건으로 체포되어 징역 2년에 집행유예 3년을 선고받기까지 하였다.[52]

그리고 이 활쏘기 병서를 발간한 '조선궁술연구회朝鮮弓術研究會'는 '제1회 전조선궁술대회全朝鮮弓術大會' 전후에 조선 전통방식의 활꾼들이 만든 단체로 활쏘기를 통한 민족의식 함양에 앞장섰던 단체였다.[53]

제3회 전조선궁술대회부터는 대회 주최단체로 활동을 하였는데, 당시 대회 개최와 관련한 기사를 보면, "자래로 우리 조선의 중년 이상의 장년에게 무사덕 기풍을 길러 준것이 잇다면 그것은 오즉 우리나라의 독특한 궁술弓術이 잇슬뿐이며 이것이

---

51 李重華, 『朝鮮의 弓術』, 朝鮮弓術研究會, 昭和4年(1929).
52 이성곤 옮김, 『새롭게 읽는 조선의 궁술』, 국립민속박물관, 2008.
53 1928년에 조직된 '朝鮮弓術研究會'는 이후 1932년에 '朝鮮弓道會'로 개칭하였고, 해방 이후에 '조선궁도협회'로 잠시 있다가 현재 대한체육회 가맹단체인 '대한궁도협회'로 명칭이 변경되었다.

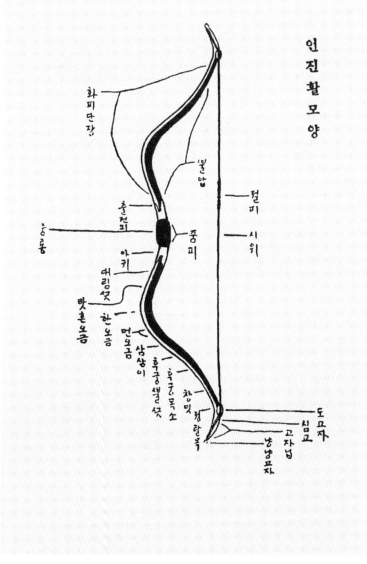

인진활모양

화피단장

동알

줌지의

궁동

아키

데림셋

맛혼오금

한오금

먼오금

상상이

후궁밑소

후궁샅셋

창밑

정량목

덜피

시위

줌피

도요자

심고

고자님

냥요자

그림 3_ 『조선의 궁술』에 수록된 조선 전통 활의 세부 명칭 설명

또한 세계덕으로 자랑할 우리고대의 무긔武器의 하나이엇다."[54]
라는 문장을 확인할 수 있다.

이는 조선 활쏘기의 우수성이 세계적으로도 자랑할 만한 전통의 무예문화임을 강조하는 내용임을 알 수 있다. '조선궁술연구회朝鮮弓術研究會'의 이러한 조선 전통의 활쏘기 보급을 통한 민족의식 함양의 노력이 『조선의 궁술』의 발간과 연결된 것이다.

그리고 황학정은 1898년(광무 2)에 고종高宗의 어명으로 경희궁 회상전會祥殿 북쪽에 지었던 것을 일제강점기인 1922년에 현재의 자리로 옮긴 것이기에 민족적 색체가 가장 짙은 활터로 볼 수 있다.

책의 범례의 첫 부분을 보면, '이 책은 조선의 궁시弓矢와 사예射藝에 관한 내용을 포괄하여 그 개략적인 내용을 서술한 것으로 『조선의 궁술』이라 칭한다'라고 언급하며 책의 민족적 성격을 분명히 하였다.[55]

특히 책의 본문은 한글을 기본으로 사용하여 당시 일제의 조선어朝鮮語 탄압 정책에 맞서기 위해 이 책을 간행한 것으로 판단된다. 다음의 사료를 통해 이를 확인할 수 있다.

---

54 『동아일보』 1928년 6월 27일자 2면. "녯날에 적국들의 간담을 서늘하게 한 우리의 독특한 무긔궁술대회를 연다."
55 李重華, 앞의 책, 昭和4年(1929), '五 궁술의 교법(弓術의 敎範).'

진 2_ 일제강점기 조선의 활을 당기고 있는 궁사
활을 겨눠 가득 당긴 것을 만작(滿酌)이라고 표현한다. 이때에는 그 어떠한 흔들림도 없어야 한다.
에 가득 찬 술처럼. (『사진엽서로 보는 근대풍경』 6, 민속원)

(3) 東藝 李重華氏著 朝鮮의 弓術 石城人-武器란것은 人類의
生活과 그始를 같이한것이다. 野獸를 狩獵하여 그肉을먹고그가
죽을입으며 그骨角을利用하든 太古人에게는 武器가가장必要한
것이잇다. 武器중에서도 弓矢가 그最重한것이엇으니 이弓矢는
人類가狩獵時代를 벗어나서 次次로文化程度가 높아지고 生存
競爭의熱이 極甚하여질스록 武備의必要를 깨닫게되엇다. …(중
략)… 自來로 朝鮮이 가장 重要히여기든 武器가 弓矢이엇고 가

장民衆化된 武藝가 또한 弓術이엇든것임을 알수잇는 것이다. …
(중략)… 이것은 날로 잃어가는 朝鮮語를 붙드는데 큰 刺戟이
될뿐만이 아니요 朝鮮語를 硏究하는 學者에게까지도 重大한 資
料가 될줄믿는다. 이一著는 朝鮮知識, 朝鮮趣味 朝鮮硏究에뜻하
는이에게 보내는 力著요 良著임을 再三言明하여둔다. 定價 二
員 發行所 京城府社稷洞公園 後黃鶴亭內 朝鮮弓術硏究會[56]

위의 사료를 보면 조선의 전통적인 무기武器이자 무예武藝였
던 궁술弓術을 이중화가 잘 정리하였는데, 그중 역대선사자歷代善
射者인 명궁名弓 칭호를 들을만한 인물 백여 명에 관한 이야기가
궁술인들 뿐만 아니라 일반인들에게도 역사를 이해하는 좋은
책읽기의 내용이라 평가하고 있다.

특히 책의 서평에서 가장 중요하게 생각했던 것은 '날로 잃
어가는 조선어朝鮮語를 붙드는데 큰 자극이 될 뿐만 아니라 조선
어朝鮮語를 연구하는 학자에게까지도 중대한 자료資料'가 될 것이
라는 평가부분이다.

따라서 『조선의 궁술』은 조선시대 활쏘기의 단순한 정리서
를 넘어 일제에 의해 탄압받던 조선어朝鮮語의 지킴을 위해 상당
한 영향력을 발휘할 수 있는 책으로 인정받은 것으로 판단된다.

---

56   『동아일보』 1931년 5월 11일자 4면. "內外新刊評 東藝 李重華氏著 朝鮮의 弓術."

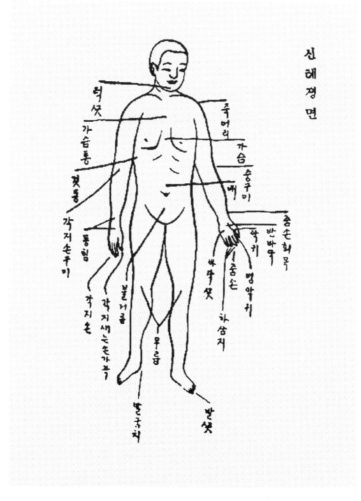

그림 4_ 『조선의 궁술』 중 활쏘기와 관련한 〈신체정면〉[57]

---

[57] 李重華, 앞의 책, 昭和4年(1929), '五 궁술의 교법 신테정면'.

구체적으로 『조선의 궁술』은 크게 8장으로 구분되어 있는데, 그중 1장부터 4장까지는 궁술과 관련한 역사적 내용이 주를 이루기에 국한문혼용의 형태로 작성되었고, 5장인 궁술의 교법부터는 조선어에 한자를 괄호 안에 병기하는 방식을 사용하였다.[58] 그중 5장 '궁슐 교법(궁술의 교법敎範)' 부분을 살펴보면 다음과 같다.

> (4) 죠선에궁시弓矢가잇슨지. 임의 여러천년이오. 짜라서궁시의 발달發達은. 여러나라를압도壓倒하얏나니. 이는궁시가잇슴으로써가안이오. 오래됨으로써가안이오. 오직궁술弓術의 묘기妙技가 잇섯슴이라. 렬전이잇섯고. 편전이이섯고. 류업전은류여전의신기神技가. 다싸로싸로잇섯슬것이라.[59]

위의 사료에서 확인할 수 있듯이 『조선의 궁술』은 순한글을 기준으로 하여 당대 조선어의 현실을 가장 잘 보여주는 국어학적 사료의 가치도 높아 민족 자각운동에도 상당한 도움을 주는 자료이다.

<그림 4>는 활쏘기 설명시 사용할 신체 각 부위 명칭을 한글로 정리한 것이다. 그 중 활쏘기 수련시 독특하게 등장하는 '죽머리肩膊'·'중구미肘臂節'·'줌손把手'·'깍지손帶手' 등 순 한글의

---

[58] 『朝鮮의 弓術』 목차는 一, 楛矢와 石砮·二, 朝鮮의 弓矢·三, 궁술의 奬勵·四, 弓矢의 種類·五, 弓術의 敎範·六, 古來의 射風·七, 便射의 遺規·八, 歷代의 善射·附錄 一, 用語·二, 圖說로 구성되어 있다.
[59] 李重華, 앞의 책, 昭和4年(1929), '五 궁슐의 교법'.

우리말을 이용하여 정리하였다.

이처럼 『조선의 궁술』에서는 활쏘기에 우리 민족의 말과 글을 더하여 민족의식이 가미된 활쏘기로 조선의 궁술을 자리매김하고자 하였다. 이러한 활쏘기에 대한 민족의식적인 발상은 비단 이 병서兵書에서만 나타나는 현상이 아니었다.

다음의 사료는 일제강점기 식민지 조선의 현실을 타개하기 위한 민족의식의 발로로 활쏘기를 다시금 생각하게 하는 부분이다.

(5) 나는 朝鮮 사람이다. 朝鮮 사람이로되 지금 朝鮮 사람이 아니라 네전 朝鮮 사람이다. 이 몸동이가 처한 바는 네전의 朝鮮이 아니로되 나는 꼭 네전의 朝鮮 사람이다. 남이 아무리 나를 지금의 朝鮮 사람이라 하여도 나는 지금 朝鮮 사람이 되고도 싶지 아니하려니와 본대부터 나는 네전의 朝鮮 사람이다. 남이 또 뭇기를 네가 나기를 지금에 낫고 너의 하는 것이 지금 세상의 하는 것이니 무슨 열업는 소리냐 하렷다. …(중략)…그리하야 그들이 우리가 갑옷 투구에 그네 쏘는 활을 맛고도 아무러치도 아닌 것을 보고 우리더러 銅頭鐵身이라 활을 잘 쏘는 大弓人 그러고도 어질은 仁人이라고 까지 닐컬엇다. 이것도 자랑이라 하면 하나가는 자랑이다.[60]

---

60 權憲奎, 「내가 자랑하고 십흔 朝鮮것 - 잇고도 할 줄 모르는 자랑」, 『별건곤』 제12 · 13호, 開闢社, 1928.

위의 사료는 일제강점기 한글학자로 활동한 애류崖溜 권덕규權惠奎가 잡지에 쓴 '내가 자랑하고 십흔 조선朝鮮것 - 잇고도 할 줄 모르는 자랑'이라는 제목의 논설이다.[61]

글쓴이는 나는 조선 사람이지만, '식민지 조선植民地 朝鮮' 사람이 아니라, 식민지 이전의 '조선朝鮮'임을 강조하고 있다. 강제로 식민지의 상황을 겪고 있는 현실이지만, 나의 풍기風氣와 먹는 것, 하는 짓 모두가 예전의 조선 사람임을 강조하고 있다.

또한 이러한 『조선의 궁술』에서 민족의식 강화를 위하여 과거의 역사를 정리한 것뿐만 아니라, 당시 현재의 조선 활쏘기 모습을 체계적으로 정리하여 일제와의 차별화를 시도하였다. 이 병서에서 가장 눈에 띄는 것은 편을 나눠 활쏘기를 겨루는 편사便射와 당시 활터의 문화를 세세하게 기록해 놓은 것이다.[62]

먼저 편사는 민간 활터에서 사원을 15명씩 선정하여 각 각 3순巡 즉, 15발을 쏘아 모두의 기록을 합쳐 승패를 겨루는 유희이자 정밀한 활쏘기 훈련이기도 했다.

편사의 종류는 크게 3가지로 나눠지는데, 첫째, 사정射亭과 사정射亭 등 구역을 갈라 실력을 겨루는 터편사 · 골편사 · 장안편사가 있고, 둘째, 한 정 안에서 인원을 구분하여 실력을 겨루

61　權惠奎(1890~1950)는 일제강점기 대표적인 한글학자였다. 경기도 김포군에서 출생하여 1913년 휘문고등보통학교를 졸업하고, 고교 국어 및 국사 교사로 일했다. 1921년 12월 3일 조선어연구회(현 한글학회) 창립에 주시경과 함께 참여하였고, 한글맞춤법통일안 제정과 『조선어큰사전』 편찬에 참가하였다.

62　李重華, 앞의 책, 昭和4年(1929), '六, 歷代의 善射.'

｜3_ 일제강점기 발행된 낙산 좌룡정 활쏘기 사진엽서
함께 활을 가득당긴 만작의 자세를 취하고 있는 것으로 보아 연출된 장면으로 판단된다. 백호정과 등과정은 서울 웃대,
정은 아랫대의 대표적인 활터였다. 지금도 서울 낙산공원 부분의 성곽에 '左龍停'이라는 글자가 성벽돌에 새겨져 있다. (『사진
로 보는 근대풍경』6, 민속원)

는 사랑편사·사계편사·한출편사·삼동편사·남북촌편사가 있
고, 셋째 아동兒童들이 편을 짜고 경기를 하는 아동편사 등으로
구분하였다.

그리고 『조선의 궁술』의 마지막 장에는 간행 발기인 36명의
활터 소속과 이름이 기록되어 있는데, 경성의 석호정石虎亭·청
룡정青龍亭·일가정一可亭·서호정西虎亭·황학정黃鶴亭과 개성의 화
수정華水亭·반구정反求亭·호정虎亭·관덕정觀德亭을 비롯하여 인
천의 무덕정武德亭, 수원의 연무대鍊武臺, 양주의 승학정乘鶴亭, 고
양의 숭무정崇武亭 등 수도권의 세가 넓은 사정을 중심으로 간행
되어 전국에 활쏘기 자료로 배포 및 활용되었다.

4. 일제강점기 조선 전통 활쏘기 발전의 본질적 이유

이처럼 일제강점기 조선 전통의 궁술은 일제의 직접적인 탄압없이 나름의 전통을 유지하였고, 전통무예인 씨름이나 택견과는 다르게 자체적으로 『조선의 궁술』과 같은 교범을 만들 정도로 일정한 조직체계를 바탕으로 전승될 수 있었다.[63]

오히려 일제는 조선전통의 활쏘기인 궁술을 정책적으로 권장하기도 해서 기존의 '일제가 조선의 무예를 직접적으로 탄압했다'라는 논리와는 정반대의 'Fact'가 존재하기도 한다.

그러나 서두에서 말했듯이, '단순히 탄압했다! 하지 않았다!'라는 이분법적인 논리 이상의 보다 정교한 식민지배정책이 조선의 궁술 안에 담겨 있음을 주목해야 한다. 다음의 사료는 이러한 고도의 식민지배정책을 살필 수 있다.

(6) 민중의 체위향상론體位向上論은 각방면의 큰 화제로 되어잇는 이때 「우리녀자들도 체위향상을 도모해서 굿센 어머니가되며 상무尚武의 정신을 가지자」 고하야 고래조의 궁술弓術을 학생들에게 가르치기로 되엇다는 한원의 새로운 화제話題가 들려지고 잇다. 대현정大峴町에 잇는 리화녀자전문학교梨花女子專門學校는

---

63 씨름 혹은 脚戲나 택견에 비해 활쏘기 즉 궁술이 자체 교범을 만들고 보다 체계적인 활동이 가능했던 이유는 이를 수련했던 주계층들이 주로 지식인들이었으며, 물질적으로도 재력이 풍성한 지역사회 유지급이 주로 활동했기 때문이라 판단된다.

조선최고의 여자교육기관으로 혁혁한 력사를 가저오는 유一한 여자전문인데 이번총독부에서 교육령을 개정실시함에당하야 체육과목을 중요시한것에 준해서 동교에서는 여자체육장려의 새로운 방침을 세우기로 한 것이다.

그리하야 상무의 정신으로도 최고봉이라할수 잇는 조선재래의 「활」을 전교학생들에게 가르치기로 되어 이것을 지도할터인데 필수과목으로 할것인지 또는 수의과목으로 할 것인지는 당국과 절충을 하야 결정을 지으리라한다. …(중략)… 그리고 동교에서는 활과 화살과 관혁的 등을 준비하고 조선궁술회朝鮮弓術會의 정식 지도를 밧기로 되엇다.[64]

위의 사료에서 보듯이 당시 최고의 여성 전문교육기관이었던 이화여자전문학교에서 조선총독부의 변경된 교육령에 걸맞도록 조선 전통의 활쏘기 수업을 정식 교과목으로 채택하는 것을 논의하는 내용이다.[65]

특히 그 목적이 '우리 여자들도 체위향상을 도모해서 굿센 어머니가 되며 상무 정신을 하자'라고 하여 전시동원체제 하에

---

[64]　『每日申報』1938년 5월 22일자 3면. "朝鮮의 武藝 弓術 梨專에서 敎授準備中."
[65]　당시 梨傳에 대한 평가는 '朝鮮에는 남자의 전문학교는 만치만 女專으로 오직 유일의 이「梨花」는 실로 빗나는 존재요 자랑할 존재라 할 것이다.'라고 할 정도로 식민지 시기 조선 여성의 교육에서 독보적인 위치에 있었다. 따라서 그 파급력 또한 만만치 않았다. (金八蓮, 『삼천리』 제7권 제3호, 1935년 3월 1일자, '新村동산에 爛然하게 핀 大梨花의 푸로펫사들, 梨花女敎授陣')

사진 4_ 여인들의 활쏘기

활은 남녀를 가리지 않고 수련할 수 있는 최고의 전투무예 중 하나였다. 반드시 강한 활이 우수한 것이 아니며, 부드럽고 연약하지만 정확하게 과녁에 적중하는 것이 핵심이었다. 현대인들도 남녀노소가 함께 즐길 수 있는 좋은 전통 무예이며, 마음 수련의 핵심이 활쏘기에 담겨 있다. (『일본지리풍속대계』 조선편(상), 민속원)

서 여성 또한 전쟁에 직접적인 역할을 수행하는 존재로 부각시키기 위하여 조선의 궁술 수업을 정식 교과목으로 채택했음을 알 수 있다.[66]

---

66 이후 1939년에는 각급 학교로 이러한 조선 궁술을 비롯한 다양한 조선 전통놀이가 정식 체육과목으로 편입되는 데, 또 하나의 이유는 일제가 만주전쟁를 비롯한 전방위에 걸친 침략전쟁 과정 중 고무와 피혁, 철 등의 사용 제한 혹은 금지조치로 인해 학교 체조수업에 활용할 물건을 만들지 못했기 때문이다(『동아일보』 1938년 10월 7일 2면).

이후 1939년에는 이전梨專 뿐만 아니라 각급 학교 전체에 전시戰時관련 물자통제로 운동구의 생산이 제한되자 씨름, 줄다리기, 그네, 널뛰기, 활쏘기 등 조선 고유의 전통 놀이 및 무예가 정규 체조과목으로 채택되었다.[67]

이처럼 일제는 조선 전통의 활쏘기인 궁술을 탄압 혹은 금지시키기 보다는 자신들의 전략적 이익 즉, 식민지 조선인이 '건강한 몸을 만들어 황국신민皇國臣民'이 될 것을 요구하며 교묘한 식민지배 정책으로 이를 활용하고 있었음을 알 수 있다.[68]

그런데 이러한 조선궁술에 대한 일제의 정책은 일제강점기 일본 무도武道교육 중 '검도劍道(Kendo)와는 사뭇 다른 양상을 나타낸다.[69] '검도劍道(Kendo)의 경우는 죽도竹刀를 이용하여 적에게 돌격하는 훈련을 하는 것을 당시 군경軍警과 학생들에게 '황국신민체조'의 연속선 상에서 내지內地 즉, 일본 본토에서 훈련하는 것을 장비나 내용까지도 똑같이 적용하였다.

그러나 내지內地에도 '궁도弓道(きゅうどう:Kyudo)'라는 일본 전통의 활쏘기관련 무예가 있었지만 검도(Kendo)처럼 그것을 식민지

『東亞日報』 1939년 3월 18일자. "物資統制로 運動具의 생산이 제한되자 씨름 줄다리기 그네 널뛰기 활쏘기등 韓國 고유의 경기가 각급 학교에서 정규 체조 과목으로 채택되어 가다."

68 유철, 『일제강점기 皇國臣民 敎化를 위한 '身體' 論 - 國語讀本, 體操, 唱歌, 戰時歌謠를 중심으로』, 전남대학교 대학원 박사학위논문, 2015, 115~190쪽.

69 일제강점기 식민지 조선에서 일본의 무도인 劍道(Kendo)가 강제적으로 자리 잡는 과정은 최형국, 「1949년 『武藝圖譜新志』의 출판과 민족 무예의 새로운 모색」(『역사민속학』 54호, 한국역사민속학회, 2018) 논문을 참고한다.

사진 5_ 『매일신보』 1941년 1월 6일자
조선고유 스포츠 부흥 보급책은 무엇인가! 라는 제목으로 전통 활쏘기와 씨름 등을 언급하였다. 관련 사진으로
조선어인들의 활쏘기를 함께 실었다.

조선에 그대로 보급하지 않고 조선 전통방식의 활쏘기인 궁술
을 보급시킨 것이다.

그 이유는 일본의 독특한 활쏘기 문화 변형과 관련이 있다.
일본은 메이지 유신을 거치면서 과거 무사계급이 몰락하였다.
도검刀劍을 사용하는 사무라이 계급은 더 이상 일자리를 잃어
생계유지를 위하여 '격검흥행擊劍興行'이라는 대련방식의 대중화
와 스포츠화를 통해 안정을 구축하였다.[70] 그러나 활쏘기의 경

70　김영학 외 2인, 「격검흥행(擊劍興行)에 관한 고찰」, 『대한무도학회지』 4권 2호,
　　대한무도학회, 2002, 7~18쪽.

우 '양궁楊弓(ようきゅう:Youkyu)'이라고 하여 퇴폐적인 오락을 일삼는 공간에서 활쏘기 자체가 변질되어 갔다.[71]

대표적으로 '양궁장楊弓場'은 일본 전통의 활쏘기를 매개로 하여 매춘과 도박이 성행하는 곳으로 일반대중에 알려질 정도였기에 일본 신정부에서 공식적으로 금지령을 내려 단속하기도 하였다.[72]

이후 일본의 무예문화는 군국주의軍國主義가 만연한 사회 속에서 1895년에 일본의 모든 무예를 총괄하는 '대일본무덕회大日本武德會'가 만들어지면서 그동안 '무술武術'이라 불리던 무예의 기술적인 측면뿐만 아니라 정신적인 부분들까지도 강화하는 분위기 속에서 '무도武道'를 새롭게 각 무예종목에 적용시켰다.[73]

그중 활쏘기의 경우도 단순 기술적인 '궁술弓術'과 퇴폐적인 '양궁楊弓'의 한계를 극복하기 위하여 '궁도弓道'는 이름으로 개칭하여 민간에 보급하려 했다.

이러한 노력의 일환으로 유술柔術은 유도柔道로, 검술劍術은 검도劍道로, 궁술弓術은 궁도弓道로 개칭되는 등 사회적 변화요구를 일본의 무도武道단체들이 수용하게 되었다.

이 과정에서 궁도로 개칭된 일본의 활쏘기는 1930년 4월 29

71　松尾牧則, 『弓道―その歴史と技法』, 日本武道館, 2013, 252쪽.
72　이헌정, 『일제강점기 한반도 간행 궁(弓) 도서를 통한 조선·일본 궁술의 비교 연구: 吉田英三郎의 (增訂)弓矢義解를 중심으로』, 고려대학교 교육대학원 석사 학위논문, 2016, 9~12쪽.
73　이러한 '武道'라는 명칭의 탄생과 변화 과정은 최형국, 『조선무사』(인물과 사상사, 2007)을 참고한다.

일에 '일본학생궁도연맹日本學生弓道聯盟'이 창립되어 각급 학교에 체육 공식과목으로 채택하는 노력을 경주하게 되었다.[74]

그러나 당시만 해도 각 지방마다 그리고 각 문파마다 공식적으로 활쏘기의 통일된 형태가 아니었기에 이를 통일화시키기 위해 1933년에 '궁도사형통일조사위원회弓道射形統一調查委員會'를 만드는 등 다양한 통일 작업을 진행했지만 상당한 내부 반발에 직면하였다.[75] 다행히 몇 가지 동작을 제외한 기초동작은 통일화를 이뤄 1936년 중등학교의 공식 교과목으로 채택하게 되었다.[76]

이렇듯 일본의 본토에서 궁술이 통일된 사법射法 구현이 어려웠기에 식민지 조선에 유도柔道나 검도劍道의 강제적 보급과는 다른 양태를 띠게 되었고, 조선의 전통적인 방식의 궁술을 내지內地의 '궁도'와는 다르게 보급시키려했던 것이다. 특히 1939년 무렵에는 일제가 조선의 궁술을 '전투력 양성'이라는 목표로 일종의 국방스포츠의 일환으로 적극적으로 보급하게 된 것이다.[77]

이상과 같이 일제강점기 조선의 활쏘기 문화를 가장 잘 담고 있는 『조선의 궁술』에 대한 분석을 통해 식민지 조선의 현실

---

74 이헌정, 앞의 논문, 2016, 12쪽.

75 일본에서 劍道나 柔道의 경우는 1906년 무렵에 자세 및 수련방식의 통일을 이 뤄냈지만, 弓道의 경우는 계속 혼란의 상황이 벌어졌다(松尾牧則, 『弓道―その歷史と技法』, 日本武道館, 2013).

76 『每日申報』 1936년 3월 12일자 5면. "中等校에도 弓術을 奬勵 내지서는 의회에서 싸지롱과 漸次로 正科化方針."

77 『每日申報』 1939년 3월 21일자 3면. "戰鬪力養成爲하야 團體的訓鍊에 置重 외국것보다 되도록 일본 정신을 담은 궁술유도를 장려 半島스포츠의 指標確立."

에서 '활쏘기'의 의미와 의도적 왜곡과정을 살펴보았다. 이를 간략하게 요약해 보면 다음과 같다.

일제강점기 조선의 전통 활쏘기가 얼마나 성행했는지에 대한 파악을 위하여 먼저 신문기사를 집중적으로 활용하여 당시 조선 전통방식의 활쏘기의 보급 내용을 확인하였다.

이를 통해 식민지배시절에도 조선의 전통 활쏘기는 상당히 널리 보급되었고, 전국규모의 대회도 자주 실행되었음을 알 수 있었다.

특히 그 과정에서 조선궁술연구회를 중심으로 1929년에 출판된 『조선의 궁술』은 조선의 전통 활쏘기 방법을 보급함과 동시 일제에 의해 탄압 받던 '한글' 보급사업과도 연결된 민족주의

사진 6_ 1971년 전주 천양정에서 활쏘는 여인네의 모습

적 활동이었음을 알 수 있었다. 또한 전국 규모의 활쏘기 대회 발전과 함께 『조선의 궁술』을 출판하여 전국에 보급시킨 '조선 궁술연구회'의 활동을 분석하여 당시 조선 전통방식의 활쏘기가 민중들에게 어떠한 영향을 끼쳤는지 확인하였다.

그리고 그 과정에서 일제가 조선인의 교육과정에 일본식 활 쏘기인 '궁도(Kyudo)' 아닌 조선 전통방식의 활쏘기를 보급한 본 질적인 이유를 살펴보았다. 이는 일제말기인 전시동원체제기에 식민지 조선의 학생들의 체육활동까지도 군사자원화하려는 고 도의 술책이었음을 알 수 있었다.

차후에 조선시대 이전부터 전통적으로 사용해온 '弓術'이나 '궁술' 혹은 '활쏘기'라는 우리말을 회원들의 선호도 조사 및 다 양한 설문조사를 통해 공식협회명 사용에 활용한다면 보다 선 명한 대한민국만의 활쏘기 문화를 세계에 알릴 수 있으리라 판 단된다.[78]

일제강점기 식민지 조선의 활쏘기 문화는 지속적으로 남아 현재까지 이어지고 있지만, 아직도 '명칭'뿐만 아니라 당시 의도 적으로 왜곡된 부분들이 상당부분 남아 있다. 특히 『조선의 궁

---

78 '弓道'라는 단어가 『世祖實錄』 45권, 世祖 14年 1月 16日 丁丑條의 기사에 "뜻 (志)을 정(定)한지 이미 오래 되어, 순(順)을 어기고 동(動)함이 없는 까닭으로 사이가 없으며, 말이 준마인 것은 하늘의 용맹(勇猛)이고, 화살이 가늘은 것은 사람의 공력이니, 이와 같이 한 뒤에야 궁도(弓道)를 다한다.'고 하였었다(志定 旣久, 違順無動, 故無間. 馬駿者天勇, 矢細者人功, 如是然後, 弓道盡矣)"라는 내 용에서 나오지만, 이곳에서의 弓道의 의미와 현재 단체명으로 활용하는 '弓道' 는 그 성격이 사뭇 다르다.

사진 7_ 석호정 石虎亭의 활쏘기
석호정은 조선 인조 때인 1630년에 만들어진 도성의 핵심 사정射亭 중 하나였다. 석호정은 독립운동의 상징인
백범 김구 선생과 조소앙 선생이 다녀간 활터로 유명하다. 안타깝게도 원래의 석호정 건물은 6·25 전쟁 와중에
소실되었다가, 전쟁이 끝난 뒤인 1956년 근처에 새로 건물을 올렸으나, 1970년 남산 2호터널 공사로 인해 또다시
자리를 옮겨 지금에 이르고 있다. (『일본지리풍속대계』 조선편(상), 민속원)

술』에 담긴 소중한 우리 전통 활터의 문화는 사라지고 작금의
사정射亭에서 활쏘기는 오직 145m에 고정된 과녁을 향해 자세
에 상관없이 무조건 몇 발을 맞추느냐에 초점이 맞춰진 소위
'시수'내기에 집착하는 단순 경기형 스포츠문화로 변화하였다.

이러한 한계를 극복하기 위해서라도 『조선의 궁술』에 대한
보다 다양한 시각의 연구가 지속적으로 이어질 필요성이 있다.

우리 역사에서 활쏘기는 단순한 무기를 부리는 기술을 넘어
민족과 국가 그리고 '국민'의 정체성을 대표하는 무예이기에 더
욱 다양한 연구가 이뤄져야 할 것이다.

부록

「사예결해射藝訣解」 번역

　　「사예결해射藝訣解」는 정조 1년(1777)에 나온 우리나라 최초 전통 사법과 관련한 일종의 요약집이다. 그 내용은 영정조대 문신인 서영보徐榮輔(1759~1816)가 기록한 것이다. 그의 문집인 『죽석관유집竹石館遺集』에 실려 있다. 별군직別軍職이자 당대 최고의 명궁名弓으로 이름난 웅천현감(웅천현熊川縣 : 경상남도 창원시 진해구) 이춘기李春琦(1737~?)의 활쏘기 구술口述 내용을 문신文臣인 서영보가 직접 채록하여 기록한 것이다.

　　이춘기는 영조英祖 50년(1774) 근정전 옛터에서 치러진 특별 시험의 일종인 등준과登俊科의 무과에서 장원급제를 하여 관직에 올랐다. 특히 '별군직別軍職'이라는 국왕 최측근 호위직을 맡을 정도로 충성심이 뛰어난 인물이었다. 종 1품의 당상군관인 숭록대부崇祿大夫까지 품계가 올랐으며, 무게가 무거워 다루기 어려운 월도月刀를 잘 사용하여 정조의 총애를 받았다.

『일성록日省錄』정유丁酉(1777) 7월 3일자의 기록을 보면, 정조가 지방의 수령守令, 변장邊將, 찰방察訪, 초사인初仕人, 복직復職한 사람들을 경희궁慶熙宮의 편전便殿인 흥정당興政堂에서 소견하는 자리에서 이춘기의 뛰어난 활쏘기 실력을 미리 알았을 정도였다. 그날 정조는 "그대는 별군직別軍職으로 평소 활을 잘 쏜다는 말을 듣고 있으니, 활 잘 쏘는 방법을 다스리는 방법에 그대로 적용하라." 고 직접 이야기했다.

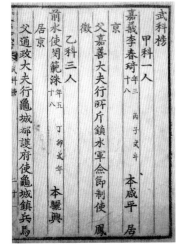

『병술후309년갑오재등준시방(丙戌後三百九年甲午再登俊試榜)』에 실린 이춘기 급제기록

「사예결해射藝訣解」의 전체 내용은 활쏘기에 대한 간략한 '요결 15조'와 이에 대한 설명을 더한 '해설 5조'로 이뤄져 있다. 짧은 내용이지만, 우리나라의 전통 활쏘기의 신체움직임을 가장 잘 정리한 자료로 인정받고 있다. 이에 대한 번역본을 부록으로 싣는다.

射藝訣解

번역 : 최형국

射藝訣解

李熊川春琦。精於射藝。世無其對。余嘗叩之以泆。
春琦曰。射豈有他道哉。順其勢而已。又曰。射者男
子之事。而所以殺賊之具。務要豪壯。余歎其言之合
於道也。遂書其所聞。作五解十五訣。

웅천 현감 이춘기는 활쏘기 실력이 정예로워 세상에서 그를
대적할 사람이 없었다. 내가 일찍이 활 쏘는 법에 대해 물어본
적이 있었는데, 이춘기가 말하길 '활쏘기에 어찌 다른 도리가
있겠는가? 다만 그 기세에 따를 뿐이다'라고 하였다. 또한 '활을
쏜다는 것은 사내의 일로 적을 죽이는 도구인 까닭에 반드시 호
기롭고 씩씩함이 필요한 것이다'라고 하였다. 나는 도리에 부합
한 그 말에 감탄하였다. 바로 그때 가르침 받은 것을 드디어 기
록하여 '해설 5조와 요결 15조'를 만들었다.

訣十五 : 요결 15조

足。非八非丁。偏任前足。: 발은 '팔'자도 아니고 '정'자도 아니며, 앞발은
비스듬히 기울인다.

身。胸虛腹實。左腋谿如。: 몸은 가슴은 비우고 배는 채우며, 왼편 겨드
랑이를 연다.

面｡對鵠頤深｡若啣衣領｡: 얼굴은 과녁을 대하고 턱은 깊게 묻으며, 옷 깃을 무는 듯 한다.

腦｡如雄鷄鳴｡決時伸拔｡: 머리는 수탉이 우는 듯한 형세이며, 발시 때 는 기지개를 펴듯 빼낸다.

左手｡背覆向內｡拇肚直托｡:(활 잡은) 왼손 손등은 안쪽을 향하여 엎으 며, 엄지손가락의 둔덕은 곧게 밀어낸다.

右手｡手背向西｡勢成三節｡:(시위를 당기는) 오른손 손등은 서쪽을 향하 며, (깍지를 누르는 손가락의)세 개의 마디가 기세가 된다.

左臂｡專要向內｡前縮後伸｡:(활 잡은) 왼팔은 몸 안쪽을 향하는 것이 매 우 중요하며, 앞에는 구부렸다가 (만작시) 뒤에는 편다.

右臂｡引而伸長｡回肘指背｡:(시위를 당기는) 오른팔은 시위를 당기며 길게 늘이며, (만작시) 팔꿈치와 손가락을 등쪽으로 돌린다.

左肩｡低而微覆｡直注弓弣｡:(활 잡은)왼 어깨는 낮추며 조금 엎어 주며, 활 줌통이 곧아지도록 채운다.

右肩｡恰好內向｡切忌外偃｡:(시위를 당기는) 오른 어깨는 적당하게 안쪽 을 향하며, 몸 밖으로 과도하게 눕히는 것은 반드시 피해야 한다.

握弓｡都不計較｡自鬆而緊｡:(활 잡은) 줌손은 절대 잔꾀를 부리지 않아 야 하며, 자연스레 힘을 빼고 쥐었다가 말아 쥔다.

架箭｡加右食指｡勢如架椽｡: 화살 메기기는 오른손 집게 손가락으로 받 쳐 들며, 그 형세가 시렁에 올린 서까래처럼 기울인다.

引｡擧手高拽｡回肘滿彎｡: 시위 당기기는 손을 끌듯이 높이 들며, 팔꿈 치를 (등 뒤로) 돌려 시위가 팽팽해지도록 당긴다.

審｡前托後引｡將軀入的｡: 화살 겨누기는 줌손을 앞으로 밀고 깍지손은 뒤로 당기며, 몸이 서서히 과녁에 몰입할 것이다.

決｡如拗澣衣｡氣息要入｡: 화살을 시위에서 떼는 것은 (양손을) 빨래를 짜듯 하며, 기세와 호흡을 채우는 것이 중요하다.

解五 : 해설 5조
握弓。須直就把握。勿爲他計較。要長指第三節向上
指天。拇食兩指間虎口。直當弓弣。以拇肚托弓弣。則
矢去不揚。以長小無名三指。伸長緊握。則矢力及遠。

1. 활의 줌통 쥐기는 모름지기 한 손아귀로 곧게 쥐는 것을
따르는데, 여타의 잔꾀 부릴 생각을 하지 말아야 한다. 가운데
손가락인 장지의 세 마디가 중요한데, 그 손가락이 하늘을 가리
켜야 한다. 엄지와 식지의 두 손가락 사이의 범아귀(호구)는 활
의 줌통을 마땅히 곧게 해야 하는데, 엄지손가락과 손바닥이 만
나 볼록하게 솟아 오른 둔덕으로 밀어야 한다. 시위를 떠난 화
살이 과녁의 윗쪽을 맞히는 것처럼 위로 뜨는 경우에는 장지·
소지·무명지의 세 손가락을 길게 늘려잡아 굳게 잡으면 날아
가는 화살에 힘이 멀리까지 미치게 된다.

架箭。以矢括加於右手食指上而後高前低。狀如屋
椽。引之時。兩手齊擧。其高無下於耳上。(手高
擧則左肩低而體勢正矣)。乃以肘力引之。切忌弦勢向
下。亦勿指力拽開。旣滿引彌。以右肘漸引回指背
後。盖引弓。務要遠引。引滿然後。經所謂審固之
旨。可以論矣。

2. 화살메기기는 화살을 오른손 식지 위에 쥐어싸며 붙이는 것인데, 화살의 뒤는 높고 앞은 낮은 것이 마치 집의 서까래와 같은 형상이다. 시위를 당길 때에는 양 손을 가지런히 들어 올리는데, 그 높이가 귀 위보다 아래여서는 안 된다(세주 : 손을 높이 들었으면 왼쪽 어깨 낮춰 몸의 기세를 바르게 한다). 바로 이어 팔꿈치의 힘으로 시위를 끌어당기는데, 시위를 당기는 힘의 방향이 아래로 향하는 것을 절대 삼가해야 한다. 또한 깍지 손가락의 힘으로 끌어당기며 활을 펼치지 말아야 한다. 이미 활을 만작하여 오래 당기려면 오른쪽 팔꿈치를 점점 당겨 깍지 손가락이 등 뒤로 돌아가게 한다. 대개 활을 당긴다는 것은 반드시 멀리 당기기를 바라는 것인데, 활을 가득 당긴 연후에야 『경經-예기』에서 말한, 이른바 '심고審固(겨누고 굳히기)'라는 것을 가히 논할 수 있다고 하였다.

引滿之後。右肘漸回。左臂漸拗。肘肩齊覆平直遠托。而其勢務向內。則弓身自橫。如鴈唧蘆狀。手臂身肩齊力湊弓。更不得低仰翻覆。又以拇肚與虎口彌彌直托。直托者。不高不低之謂也。蓋中的之妙。在於虎口。此是射法玄妙處。

3. 시위를 가득 당긴 후에는 오른쪽 팔꿈치를 점점 등 뒤로 돌리고 왼쪽 팔은 점점 몸 안쪽으로 버텨 누른다. 왼쪽 팔꿈치

와 어깨는 가지런히 엎어 줌통을 곧고 평평하게 멀리 밀어내는데, 그 힘의 방향이 몸 안쪽을 향하게 힘써야 한다. 이런 즉, 활의 몸체가 자연스레 눕게 되면 마치 기러기가 갈대(화살)를 물고 있는 형상이 된다. 손·팔·몸·어깨를 가지런히 하여 활에 힘을 모으면, 내렸다 올렸다하는 것이나 이리저리 뒤집기 등을 할 것이 없다. 또한 엄지손가락과 손바닥이 만나 볼록하게 솟아 오른 둔덕과 함께 범아귀(호구)는 활의 줌통을 점차 곧게 밀어야 한다(세주: 곧게 민다는 것은 높지도 낮지도 않게 하는 것을 말하는 것이다). 대개 과녁을 적중하는 묘수는 범아귀(호구)에 달려 있는데, 이것이 바로 사법의 오묘함이다.

審者。即論語持弓矢審固之審也。戚南塘繼光釋此義
曰。審者非審之於引滿之前。乃審之於引滿之後也。
此言甚善。葢手足身面。操弓架矢。莫不有當然之
勢。當然之勢。即上十五訣。　　引滿之後。必加審
焉。使諸件當然之勢。凝定湊聚者。乃所謂審也。前
要托後要引。將自己一身。入弓裏以向的。

4. '심審'이라는 것은 즉, 『논어』(『예기』)에서 '지궁시심고持弓矢審固'에 나오는 '심審'이다. 남당南塘 척계광戚繼光이 이 의미를 풀어서 말하기를, '심審이라는 것은 시위를 가득 당기 전을 심이라고는 하지 않는다. 이어 심은 시위를 가득 당긴 이후인 것이다.'

라고 하였다. 이 말이 매우 옳다. 대개 손·발·몸·얼굴 그리고
활을 잡고 화살을 메기는 것까지는 누구나 그 형세에 따르는 것
이 당연하다.(세주 : 즉, 위의 열 다섯가지 결구가 그것이다.) 시위를 가득
당긴 후에는 반드시 '심'을 더해야만 한다. 모든 조건에서 그 형
세를 따르는 것이 당연한데, 마음을 고요하게 모으고 모아 평정
심 상태를 유지해야하는 것 아니겠는가. 이른바 '심'이라는 것이
그것인데, 앞손은 미는 것이 중요하고, 뒷손은 당기는 것이 중
요하다. 장차 자신의 제 한 몸이 활 속 안에 몰입되어 표적을
향할 것이다.

旣審之矣。乃可言決。諺曰。中不中在決。譬如千里
行龍。到頭只爭一穴。假使自立至審。無一不合於
法。決之之時。一有縱弛。則矢之去的也遠矣。故曰
如拗澣衣。盖澣衣者。將前手拗向內。將後手引向
後。射者要如此狀。前手撇而後手絶。將箭腰如將絶
之。則胸乳展開。而左臂左肩。撑亘於前後手之間。
而右手自脫儘洞快。豪遠聲雄。遠有音折。決之之
時。氣息要入。凡人出息則身仰。入息則身俯。以入
息決之則左腋谿如。身入於弓而向的也正矣。

5. 이윽고 '심審-평정심을 유지하며 화살을 가득 당겨 겨누고
있는 것'을 했다면, 바로 이어 '결決-화살을 시위에서 떼는 것'에

대해 가히 말할 수 있다. 속담에 이르기를, '화살이 과녁에 맞고 안 맞고는 시위를 떼는 것에 달려 있다.'라고 하였다. 비유하자면, 굽이치는 산맥이 꼭대기에 이르렀을지라도 단 하나의 혈 자리를 놓고 다투는 것이다. 가령 사대에 서는 것부터 평정심을 유지하며 화살을 가득 당겨 겨누고 있는 것까지 그 법식에 하나도 맞지 않은 것이 없었는데, 화살을 시위에서 떼는 바로 그 순간 단 한번이라도 함부로 이완시켜 버린다면 화살은 표적을 벗어나 멀어질 것이다. 그러므로 이렇게 말하는데, '빨래를 비틀어 짜듯이 하라'는 것이다. 대개 빨래를 할 때에는 앞손은 안으로 비틀면서 뒷손은 뒤를 향해 당기는 것인데, 활쏘기의 중요한 부분도 이러한 형상과 같음을 말하는 것이다. 앞손은 '별撇(서예의 삐침질)'하고, 뒷손은 '절絶(시위를 끊듯이 떨치기)'하는 것인데, 화살의 허리가 끊어질 듯 왼팔과 어깨로 젖가슴을 열어 펼치면서 한계에 다다르게 앞뒤의 손 사이를 버티고 버텼다가 오른손이 더할 나위 없이 자연스레 벗겨져 나가면 통쾌한 것이다. 호쾌함으로 웅장한 소리가 멀리까지 나면 저 멀리에서 과녁에 맞는 절단음이 들릴 것이다. 화살을 시위에서 떼는 순간에는 기세와 숨을 들이는 것이 중요한데, 무릇 사람은 숨을 내쉬면 몸이 위로 솟고, 숨을 들이 마시면 몸이 숙여진다. 숨을 들이 마시면서 화살을 시위에서 떼어내면 왼쪽 겨드랑이가 활짝 펼쳐지는 것처럼 되어, 몸이 활에 몰입하여 화살은 과녁을 향하여 바르게 가는 것이다.

左手。背覆向內柶肚直托。

右手。手背向西勢成三節。

左臂。專要向內前縮後伸。

右臂。引而伸長四肘指背。

左肩。低而微覆直注弓弣。

右肩。恰好內向切忌外逴。

握弓。都不計較自鬆而緊。

榮箭。加右食指勢如架椽。

引。舉手高拽回肘滿彎。

審。前托後引將軀入的。

竹石館遺集　册七

射藝訣解

李熊川春琦精扵射藝世無其對。余嘗叩之以淦。春琦曰。
射豈有他道哉順其勢而已矣。又曰。射者男子之事。而所以
殺賊之具。務要豪壯。余歎其言之合扵道也遂書其所聞。

作五觧十五訣。

　訣十五

足。　　非八非丁。偏任前足。
身。　　胸虛腹實左腋豁如。
面。　　對鵠順澹若御衣領。
腦。　　如雄鷄鳴夬時伸挼。

搊肘肩齊覆平直遠托而其勢務向內則弓身自橫如

鷹唧蘆狀手臂身肩齊力湊弓。更不得低仰翻覆又以

掫肚與虎口彌之直托。直托者不偏之謂乜。益中的之妙在於

虎口。此是射法玄妙處。

審者即論語持弓矢審固之審也戚南塘繼光釋此義曰。

審者非審之於引滿之前乃審之於引滿之後也。此言

甚善。手足身面標弓架矢莫不有當然之勢。當然之勢即上

十五。引滿之後必加審為使諸件當然之勢。凝定湊聚

者。乃所謂審也前要托後要引。將自己一身入弓裏以

向的。

決。如拙澣衣氣息要入。

解五

握弓須直就把握。分為他計較要長指第三節向上指天。

拊食兩指間虎口直當弓弣以拊肚托弓弣則矢必不

揚以長小無名三指伸長緊握則矢力及遠。

架箭以矢括加於右手食指上而後高前低狀如屋樣引

之二時兩手齊舉其高無下於耳上。手高舉則左肩低而體勢正矢。乃

以肘力引之功忌弦勢向下亦勿指力挾開旣滿引彌。

以右肘漸引囘四指背後盖引弓務要遠引二滿然後經

所謂審固之旨可以論矢引滿之後右肘漸囘左臂漸

竹石館遺集　册七

旣審之矣乃可言決諺曰。中不中在決。譬如千里行龍到
頭只爭一穴假使自立至審。無一不合於法決之之時。
一有縱弛則矢之去的也遠矣故曰如拗澣衣盖澣衣
者將前手拗向內將後手引向後射者要如此狀前手
撤而後手絕將箭腰如將絕之則胸乳展開而左臂左
肩。撐亘於前後手之間而右手自脫儘洞快豪遠聲雄。
遠有音折決之之時氣息要入凡人出息則身仰入息
則身俯以入息決之則左腋豁如身入於弓而向的也
正矣。

참고문헌

1. 原典

『經國大典』

『孤臺日錄』

『國朝五禮序例』

『國朝五禮儀』

『錦溪日記』

『訥齋集』

『大典通編』

『亂中雜錄』

『林園經濟志』

『萬機要覽』

『孟子』

『明皐全集』

『牧民心書』

『武經七書彙解』

『武科總要』

『武藝圖譜通志』

『兵學通』

『備邊司謄錄』

『射法秘傳攻瑕』

『星湖僿說』

『續大典』

『承政院日記』

『審理錄』

『雅亭遺稿』

『藥泉集』

『藥圃先生文集』

『燕行日記』

『五洲衍文長箋散稿』

『壯勇營大節目』

『全羅兵營啓錄』

『佔畢齋集』

『朝鮮王朝實錄』

『朝鮮의 弓術』

『竹石館遺集』

『竹窓閑話』

『靑莊館全書』

『楓石全集』

『海槎日記』

『弘齋全書』

『皇淸開國方略』

『訓局總要』

2. 論文

姜性文, 「朝鮮時代 片箭에 관한 硏究」, 『학예지』 4집, 육군사관학교 육군박물관, 1995.

강신엽, 「朝鮮時代 大射禮의 施行과 그 運營: 『大射禮義軌』를 중심으로」, 『조선시대사학보』 16
집, 2001.

강재현, 「한국 고대 활의 형식과 변천」, 『신라사학보』 31호, 신라사학회, 2014.

권명아, 「총후 부인, 신여성, 그리고 스파이-전시 동원체제하 총후 부인 담론 연구」, 『상허학보』
12, 상허학회, 2004.

김기훈, 「일제 강점기의 전통 궁술」, 『학예지』 제18집, 육군박물관, 2011.

김문식, 「서유구의 생애와 학문」, 『풍석 서구구 탄생 250주년 기념 학술대회: 풍석 학술대회
발표자료집』, 임원경제연구소, 2014.

김영학 외 2인, 「격검흥행(擊劍興行)에 관한 고찰」, 『대한무도학회지』 4권 2호, 대한무도학회,
2002.

김이수, 「『조선(朝鮮)의 궁술(弓術)』에 관한 연구(1): 현대적 가치와 의미」, 『체육사학회지』
16-2, 한국체육사학회, 2011.

나영일, 「武人 林齊家」, 『동양고전연구』 23집, 동양고전학회, 2005.

노중호, 『현대 스포츠로서 택견의 발달과정과 의미』, 충북대학교 석사학위논문, 2012.

신병주, 「영조대 대사례의 실시와 『대사례의궤』」, 『한국학보』 28권, 일지사, 2002.

신영주, 「『이운지』를 통해 본 조선 후기 사대부가의 생활 모습」, 『한문학보』 13집, 우리한문학
　　　회, 2005.

심경호, 「『임원경제지』의 문명사적 가치」, 『쌀삶문명연구』 2권, 쌀·삶문명연구원, 2009.

심승구, 「조선시대 무과에 나타난 궁술과 그 특성」, 『학예지』 7집, 육군박물관, 2000.

_____, 「朝鮮時代의 武藝史 研究: 毛毬를 중심으로」, 『군사』 38, 군사편찬연구소, 1999.

안대회 「林園經濟志를 통해 본 徐有矩의 利用厚生學」, 『韓國實學研究』, 민창문화사, 2006.

염정섭, 「『林園經濟志』의 구성과 내용」, 『농업사연구』 제8권, 한국농업사학회, 2009.

우인수, 「『부북일기』에 나타난 무인의 활쏘기 훈련」, 『학예지』 제18집, 육군박물관, 2011.

유 철, 『일제강점기 皇國臣民 敎化를 위한 '身體' 論: 國語讀本, 體操, 唱歌, 戰時歌謠를 중심으로』,
　　　전남대학교 대학원, 박사학위논문, 2015.

윤성재, 「삼국~고려시기 활쏘기 문화」, 『학예지』 제18집, 육군박물관, 2011.

윤훈표, 「조선전기 활쏘기 문화의 특성」, 『학예지』 제18집, 육군박물관, 2011.

이건호, 「근대 신문에 나타난 활쏘기의 흐름」, 『국궁논문집』 제7집, 온깍지궁사회, 2009.

_____, 「조선궁술연구회 창립연도 고찰」, 『국궁논문집』 제6집, 온깍지궁사회, 2009.

_____, 「육량전 소고」, 『국궁논문집』 10집, 온깍지궁사회, 2018.

이재학, 「전국 활터〈射亭〉의 현황과 과제」, 『학예지』 제18집, 육군박물관, 2011.

이찬우, 「일본에 전승되는 조선의 궁술 「片箭」」, 『한국체육사학회지』 54호, 한국체육사학회,
　　　2017.

이헌정, 「한·일 전통궁시(弓矢) 비교연구: 편전(片箭)과 구다야(管矢)를 중심으로」, 『일본근대
　　　학연구』 제57집, 한국일본근대학회, 2017.

이헌정, 『일제강점기 한반도 간행 궁(弓) 도서를 통한 조선·일본 궁술의 비교 연구: 吉田英三郎
　　　의 (增訂)弓矢義解를 중심으로』, 고려대학교 교육대학원 석사학위논문, 2016.

정재성, 「활쏘기의 체육학적 논의」, 『학예지』 제18집, 육군박물관, 2011.

조창록, 「『임원경제지』의 찬술 배경과 類書로서의 특징」, 『진단학보』 제108호, 진단학회,
　　　2009.

조창록, 「조선시대 대사례와 향사례-활쏘기의 의식과 실제」, 『한국무예사료총서 XVI』, 국립민
　　　속박물관, 2009.

최석규, 「탐라순력도에 내재한 국궁 과녁의 형태적 함의」, 『해양스포츠』 4권 2호, 제주대학교,
　　　2014.

최형국, 「조선시대 騎射 시험방식의 변화와 그 실제」, 『中央史論』 24집, 중앙사학연구소, 2006.

_____, 『朝鮮後期 騎兵의 馬上武藝 研究』, 중앙대학교 대학원 박사학위 논문, 2011.

_____, 「正祖의 文武兼全論과 兵書 간행: 認識과 意味를 中心으로」, 『역사민속학』 39집, 한국
　　　역사민속학회, 2012.

_____, 「19세기 화약무기 발달과 騎兵의 변화」, 『軍史』 82호, 군사편찬연구소, 2012.

_____, 「TV 역사물의 考證 한계와 그 대안: KBS 다큐멘터리 〈의궤 8일간의 축제〉의 무예사·

군사사 고증을 중심으로」, 『사학연구』 114호, 한국사학회, 2014.

_____, 「조선시대 馬上才의 軍士武藝 정착과 그 실제」, 『역사민속학』 48호, 한국역사민속학회, 2015.

_____, 「18세기 활쏘기(國弓) 수련방식과 그 실제: 『林園經濟志』 「遊藝志」 射訣을 중심으로」, 『탐라문화』 50호, 제주대학교 탐라문화연구원, 2015.

_____, 「1949년 『武藝圖譜新志』의 출판과 민족 무예의 새로운 모색」, 『역사민속학』 54호, 한국역사민속학회, 2018.

_____, 「일제강점기 조선의 전통 활쏘기(국궁) 현실과 발전: 『朝鮮의 弓術』을 中心으로」, 『무예연구』 13-3호, 한국무예학회, 2019.

_____, 「조선시대 활쏘기 중 鐵箭(六兩箭) 射法의 특성과 그 실제」, 『민속학연구』 46호, 국립민속박물관, 2020.

John Leslie Boots, "Korean Weapons and Armor", *Transactions of the Korean Branch of the Royal Asiatic Society,* vol 23 part 2, 1934.

3. 단행권

금장태, 『현대 한국유교와 전통』, 서울대학교 출판부, 2003.

『사법비전공하』, 국립민속박물관, 2008.

『조선의 궁술』, 국립민속박물관, 2009.

국립민속박물관, 『朝鮮時代 大射禮와 鄕射禮』 16권, 2009.

국사편찬위원회, 『나라를 지켜낸 우리 무기와 무예』, 두산동아, 2007.

민경길, 『조선과 중국의 궁술』, 이담, 2010.

松尾牧則, 『弓道―その歷史と技法』, 日本武道館, 2013.

이성곤 옮김, 『새롭게 읽는 조선의 궁술』, 국립민속박물관, 2008.

李重華, 『朝鮮의 弓術』, 朝鮮弓術研究會, 昭和4年(1929).

임재해, 한양명, 『한국민속사 입문』, 지식산업사, 1996.

정갑표, 『弓道』, 성일문화사, 1975.

정진명, 『한국의 활쏘기』, 학민사, 1999.

최형국, 『조선무사』, 인물과 사상사, 2007.

_____, 『병서, 조선을 말하다』, 인물과 사상사, 2018.

_____, 『제국의 몸, 식민의 무예』, 민속원, 2020.

_____, 『조선후기 무예사 연구』, 민속원, 2019.

_____, 『정역 무예도보통지: 정조, 무예와 통하다』, 민속원, 2021.

한철호, 『근대 일본은 한국을 어떻게 倂呑했나?』, 독립기념관 한국독립운동사연구소, 2016.

黃玹, 「梧下記聞」 首筆, 『東學農民戰爭資料叢書』 1, 歷史問題研究所 東學農民戰爭百周年紀念

　　　事業推進委員會, 1996.

『尹致昊日記』九(한국사료총서 제19집), 1968.

『駐韓日本公使館記錄』13卷, 機密第 50號, 1899.

4. 잡지 및 신문

『별건곤』(1928) 제12·13호, 開闢社.

『삼천리』(1935) 제7권 제3호.

『동아일보』, 『아시아경제』, 『朝鮮日報』, 『대한매일신보』, 『皇城新聞』, 『每日申報』,

『釜山日報』

5. 웹페이지

국사편찬위원회 http://www.history.go.kr

한국언론진흥재단 https://www.kinds.or.kr/news/libraryNews.do

대한검도회 http://kungdo.sports.or.kr

全日本弓道連盟 http://www.kyudo.jp

찾아보기

궁술弓術
조선의 활쏘기

초판1쇄 발행 2022년 12월 15일

지은이 최형국
펴낸이 홍종화

편집 · 디자인 오경희 · 조정화 · 오성현 · 신나래
　　　　　　박선주 · 이효진 · 정성희
관리 박정대 · 임재필

펴낸곳 민속원
창업 홍기원
출판등록 제1990-000045호
주소 서울 마포구 토정로25길 41(대흥동 337-25)
전화 02) 804-3320, 805-3320, 806-3320(代)
팩스 02) 802-3346
이메일 minsok1@chollian.net, minsokwon@naver.com
홈페이지 www.minsokwon.com

ISBN　978-89-285-1788-6　93380